about
dmz

REVIVE GOSEONG

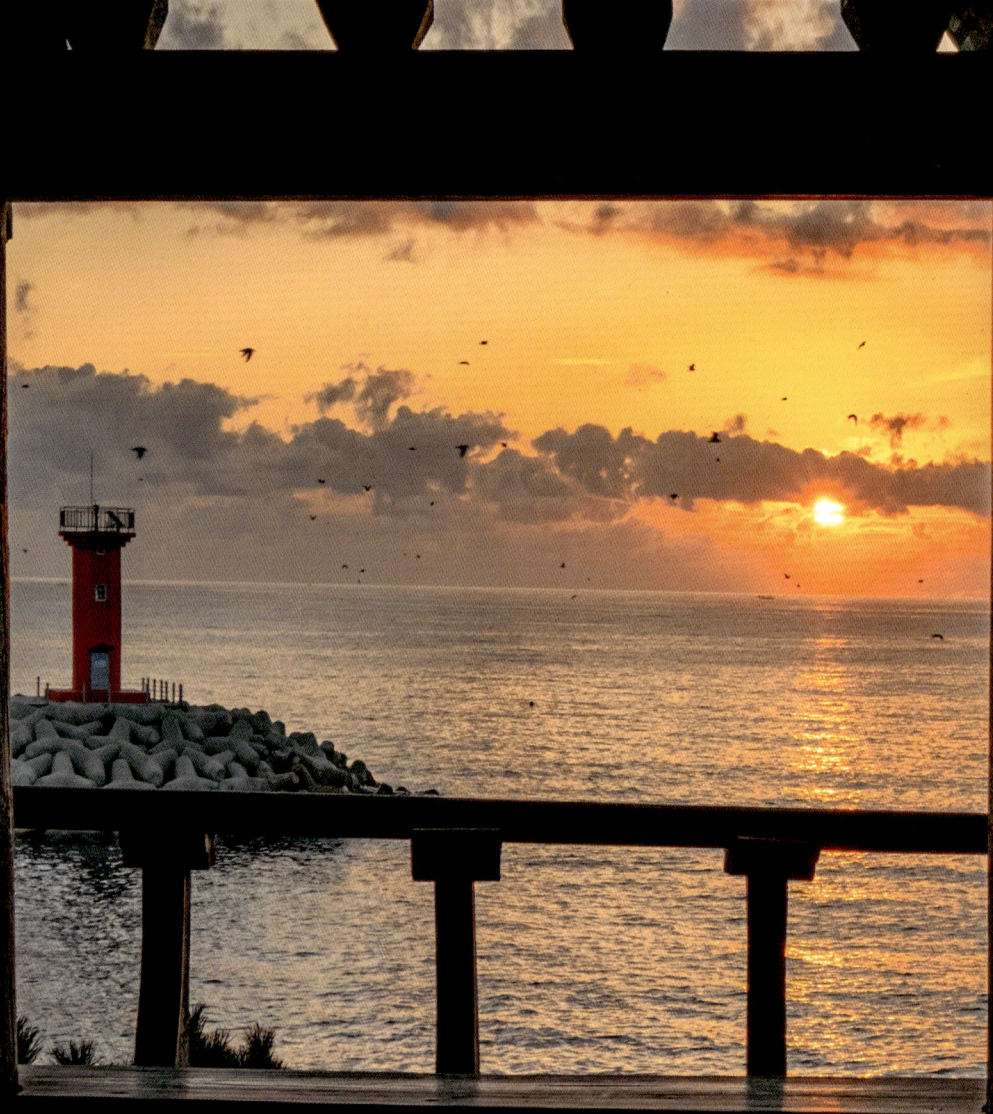

Revive Goseong

CONTENTS

Dear Reader	리바이브 고성 Revive Goseong	20
Focus	지도로 떠나는 여행 Follow the Map	24
Scene	고성을 발견하는 34가지 방법 New Discovery of Goseong Sea and Port	44
Walk	숲 Forest	64
Episode	금강산의 흔적을 찾아서 Finding Traces of Mt.Geumgang	78
Talk	선명한 취향 New Goseong People	102

Life Style	**끝마을 명파리** Last Village, Myeongpa-ri	120
Food	**고성 막국수다** Makguksu Chat	138
Novel	**#지도서프 #그랜드오픈** #zido_surf #grand_open	152
Essay	**고성 좋더군요. 곡성 아니고 고성입니다.** Exploring to Live in Goseong	162
Capture	**해시태그 #고성** Hashtag Goseong	176

Dear Reader
리바이브 고성

세 번째 목적지는 강원도 고성입니다. 몇 해 전만 해도 많은 사람이 알지 못하는 지역이었죠. 경상남도 고성과 헷갈리기도 하고요. 하지만 코로나19 팬데믹 이후, 고성은 비대면 여행지로 알려지기 시작했습니다. 방문하는 사람도, 사는 사람도 적어서 유명해진 지역이라니. 참 아이러니하지만 고성은 그렇게 재발견되었습니다. 멋진 카페, 숙소들이 하나둘 생겨나고 인스타그램에서는 속초, 양양 못지않게 고성의 사진이 자주 보입니다. 말 그대로 '리바이브(revive)' 고성입니다.

이번 호를 시작할 때만 하더라도 그 변화에 집중하고자 했습니다. 하지만 고성을 알아갈수록 고민은 깊어졌습니다. 지금이 '리바이브 고성'의 시작이라는 생각이 들었거든요. 변화의 시기는 혼란스럽습니다. 자칫하다간 본질을 잃어버릴 수도 있으니까요. 이때 어바웃디엠지가 해야 하는 역할은 무엇일지 생각했고 우리는 더 다양하게 고성을 경험했습니다. 그리고 항상 그래 왔듯, 여전히 발견되지 않은 이야기를 만났습니다. 그 이야기들이 진짜 고성으로 데려다 줄 거라 믿습니다.

<어바웃디엠지 : 리바이브 고성>은 과거의 고성을 천천히 되짚고, 현재의 고성을 새롭게 바라봅니다. 고성은 찬란한 옛 기억을 갖고 있습니다. 우리는 분단 이전의 고성과 금강산을 찾아 나섰습니다. 여러 자료를 뒤적이며 한자와 영문을 번역할 때는 연구자가 되었다가, 흔적을 찾아 고성을 헤맬 때는 탐험가가, 갈 수 없는 북쪽의 고성을 만날 때는 순간이동을 할 수 있는 초능력자가 된 것 같았죠. 때로는 오래된 기억을 꺼냈습니다. 약 20년 전, 금강산 관광을 떠난 어린 여행자의 기억입니다. 오랜 시간 고성을 지켜온 사람들, 변화를 만들고 있는 사람들과 함께 새로운 추억을 만들기도 했습니다. 고성은 생각보다 더 아름답고 소중한 이야기들로 가득한 곳이었습니다.

자, 이제 여러분 차례입니다. 숲을 좋아하든, 바다를 좋아하든 상관없습니다. 고성은 우리나라에서 가장 긴 바다를 가졌지만 면적의 70%가 숲이니까요. <어바웃디엠지>를 통해 우리가 놓치고 있던 고성을 발견하길 바랍니다. 여러분의 발견으로 고성의 리바이브는 시작됩니다.

편집장 박한솔

Follow the map

고성에 간다.
차도, 버스도 아닌 지도를 타고.

editor 박한솔   illustrator 최은진 · 이소리

map / a drawing or plan of the earth's surface
or part of it, showing countries, towns,
rivers, etc.

KOSŎNG

TYPE F - AMS 1

For use by National Defense Agencies only
Not for sale or distribution

1947

1947년에 작성된 미군 지도에서 고성을 발견하였다. 아마도 이 지도가 우리를 그 시간으로 안내해줄 것 같다. 'KOSONG'이라 적힌 1:50,000 지도와 온라인 위성 지도를 왔다갔다 하며 고성을 찾아 나선다. 그런데, 뭔가 이상하다. 모양이 다르다.

두 지도를 한참 쳐다보니, 같은 지형이 보인다. 우리가 갈 수 없는 북쪽의 고성이다. 정확히 말하자면 북 고성이라기보다는 현재의 비무장지대와, 남쪽 고성의 일부이다. 아무래도 미군 지도이다 보니 한국전쟁의 장소, 전장에 집중된 것 같다.

등고선이 빽빽하다. '예나 지금이나 고성은 산골이었구나.'라고 생각할 무렵 가장 위쪽, 다른 곳에서 볼 수 없는 검은색 점들이 몰려있다. 격자형 길과 건물군. 도시이다. 지금 이곳은 어떠할까. 아무것도 없는 황무지일까?

전혀 아니다. 구글에서 본 북 고성은 여전히 큰 도시였다. 잘 정비된 가로와 많은 집, 그 옆으로 펼쳐지는 넓은 평야를 보아 주로 농사를 짓는 것 같다. '고성역'을 검색해 보니 삼일포를 지나 움푹 파인 해변에 핀이 찍힌다. 엄청난 규모의 해안도시이다. 찾아보니 금강산 관광이 진행될 때 현대아산에서 부두를 건설하였다고 한다. 금강산 관광객이 자유롭게 여행할 수 있는 자유통행지역을 설정하려는 계획도 있었다고 하던데, 금강산에 올랐다가 고성항(장전항) 부두를 걷는 기분은 어떨까.

미군 지도의 가장 위쪽에 표시된 도시

현재도 동일한 도시구조를 가진 강원도 고성군 고성읍 대강리

고성역과 고성항(장전항)

Image © 2022 TerraMetrics
Image © 2022 CNES / Airbus
Data SIO, NOAA, U.S. Navy, NGA, GEBCO

남-북 동해북부선 복원

- **1991년 2월**
  「남북 사이의 화해와 불가침 및 교류·협력에 관한 합의서」에서
  '끊어진 철도와 도로를 연결'(제19조) 합의

- **2002년 4월**
  임동원 대통령특사 방북으로 동해선 철도 연결 합의

- **2002년 9월**
  경의선, 동해선 철도 도로연결 남북 동시 착공식 개최

- **2007년 5월**
  경의선·동해선 열차 시험운행

- **2018년**
  판문점 정상회담 이후 남북 철도협력사업 재개

- **2018년 7월**
  경의선·동해선 남북철도연결구간에 대한 공동 점검

- **2018년 11~12월**
  북측구간 경의선·동해선 공동조사

- **2018년 9월**
  평양공동선언에서 동, 서해선 철도,
  도로 연결을 위한 착공식 합의

- **2018년 12월**
  개성 판문역에서 남북철도·도로연결 착공식 공동 개최

- **2022년 1월**
  강릉-제진간 동해북부선 철도 착공

- **2027년**
  동해북부선 완공 예정

다시 해변을 따라 내려오니 '감호(Kam-ho)'가 보인다. 익숙한 이름이다. 몇 해 전, 통일전망대에서 해설사의 설명을 들은 적이 있다. 호수가 잔잔하여 마치 거울 같다고, 거울 감(鑑)자를 써 감호라고 불렸다고 한다. 선녀들이 하늘에서 내려와 목욕을 한다던 선녀와 나무꾼의 선녀탕이 바로 저 곳, 감호라고 하였다. 왜 그런 설화가 생겨났는지 바로 이해할 수 있었다. 망원경을 통해 본 감호의 모습은 신비로움 그 자체였다. (그 외에도 선녀와 나무꾼의 배경지는 금강산 주변에 다수 분포한다.)

감호 아래로 긴 선이 이어진다. 해변을 따라 끝도 없이 밑으로, 밑으로 이어진다. 자세히 보니 선 위로, 짧은 수직선이 일정하게 그어져 있다. 철도이다. 북한과 철도를 연결한다는 뉴스는 참 오랫동안 봐왔던 것 같다. 철도 연결 소식에 별 감흥이 없던 나지만, 지도를 보니 괜스레 기대된다. 해변을 따라 달리는 기차라니. 무조건 인기 여행 코스가 될 것 같다. 아마 전쟁 이전의 동해선도 낭만이 가득한 공간이 아니었을까.

"이 철도가 완성되면 우리나라 명승지로써 앞으로 많은 관광객을 맞아들여 산업과 경제면에 크나큰 발전을 가져올 것입니다."

1960년 2월 28일 대한뉴스 제254호

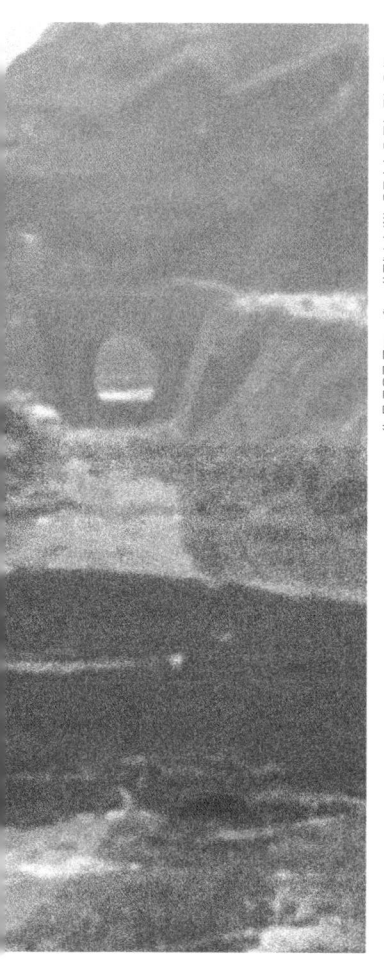

1960년 동해선 복원 공사가 한창이었다. (대한뉴스 제254호를 활용한 삽화)

　　동해선 복원 공사가 한창이었던 1960년의 뉴스이다. 북한, 금강산까지의 연결은 끊겼지만 동해안을 따라 달리는 기차에 대한 기대는 컸던 것 같다. 동해선은 다른 철도와 마찬가지로 일제강점기에 조성되었다. 1929년, 북의 안변 - 흡곡역 간의 철도가 최초로 개통하였고 1937년 양양역까지 연장되었다. 그러나 일제의 대륙 진출이라는 꿈은 광복과 함께 사라졌다. 철도 공사는 중단되었고 북한의 노선은 계속 운행되었으나 한국전쟁으로 결국 동해선은 멈췄다.

　　동해선은 목적지가 없는 철도가 되었다. 철로는 군부대의 자재로 사용되었고 동해 북부선은 자연스럽게 사라졌다. 그럼에도 동해선의 흔적은 남아있다. 고성만 하더라도 배봉리와 공형진 터널, 간성역과 문암역의 터 등 동해선을 기억할 수 있는 장소가 꽤 많다. 한때는 그곳에도 기차가 달렸고, 저마다의 이유로 기차에 올랐던 사람들이 북적였을 것이다. 그 기차에 오르면 어떤 기분이었을까. 강릉과 삼척의 해변을 따라 달리는 바다열차처럼 넓은 동해를, 금강산의 산줄기를 온몸으로 느낄 수 있지 않을까.

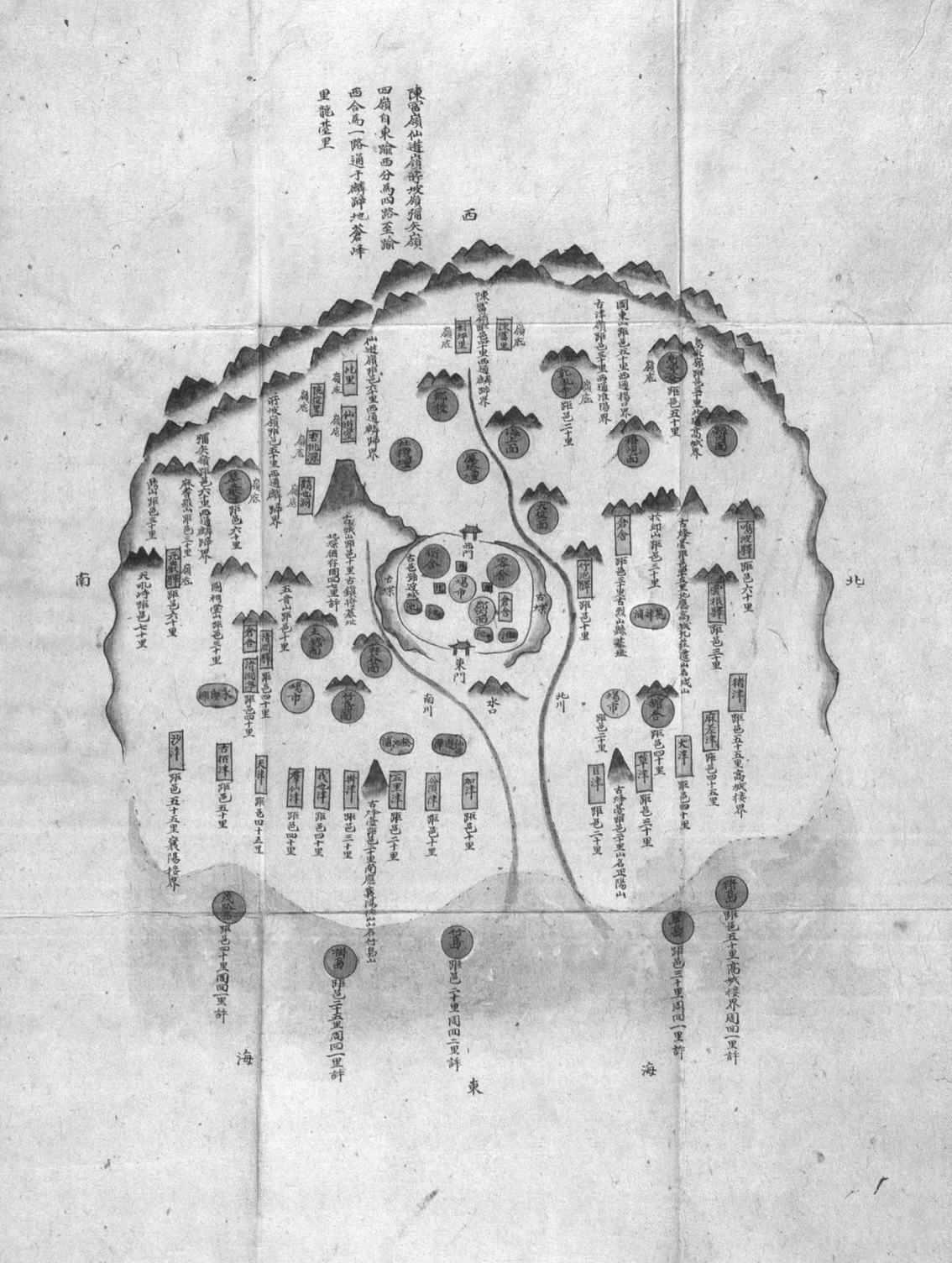

1872

고성은 본래 두 개의 지역이었다. 고성과 간성. 정확하지는 않지만 옛 고성은 북한의 고성, 간성은 지금 우리가 갈 수 있는 고성이다. 고성군청이 있는 간성읍이 과거 간성의 흔적이다.

1872년의 간성을 발견했다. 지금의 지도와는 사뭇 다르다. 지도라기보단 그림처럼 보인달까. 산맥과 바다가 귀엽게 표현되었다. 그런데 북쪽으로 산, 남쪽으로 바다라니. 지도를 잘못 찾은 것인지 한참을 쳐다보았다.

지도의 외곽에 동서남북이 적혀있다. 가장 위쪽이 서(西), 아래가 동(東). 당시에는 한반도의 가장 큰 산줄기인 백두대간이 지도의 중심이자 기준이었다고 한다. 같은 공간을 바라보고 기록하는 방식의 변화가 참 재밌다.

150년이 지난 지도에서 반가운 이름이 보인다. 가장 위쪽의 '진부령(陳富嶺)'. 지금도 진부령을 넘으면 고성이니 지도는 제대로 찾은 듯하다. 귀여운 그림 속의 수많은 한자. 2022년, 지금의 지도와 1872년 간성 지도를 비교하며 변하지 않은 고성(간성)을 찾아봐야겠다.

소장처
서울대학교 규장각한국학연구원

서문과 동문이 있는 중심지는 남천과 북천이 감싸고 있다. 남천과 북천은 여전히 고성의 중심을 흐르고 있다. 시장이 한가운데에 위치하고 군내면, 고읍 등의 명칭으로 관아가 있었던 것으로 보아 사람이 북적북적했었을 것 같다. 이곳에는 과거와 마찬가지로 정부기관인 고성군청이 위치하고 그 옆으로는 고성시장이 있다. '천년고성시장'이라고 부르던데, 정말 오랜 시간 동안 시장이 있었던 것은 확실해 보인다.

북천 옆으로 큰 호수가 그려져 있다. 한자를 하나씩 읽어본다. '포(浦). 진(津). 화(花).' 익숙한 듯 익숙하지 않다. '아, 이런. 화진포.' 바로, 화진포였다. 이승만, 김일성의 별장이 함께 위치할 만큼 경치가 좋다고 알려진 호수 말이다. 조선시대에도 많은 선비가 찾아와 아름다운 경치를 감탄하며 시를 읊었다. 방랑시인인 김삿갓 혹은 간성 현감이었던 택당 이식이 불렀다고 전해지는 화진팔경도 그러하다.

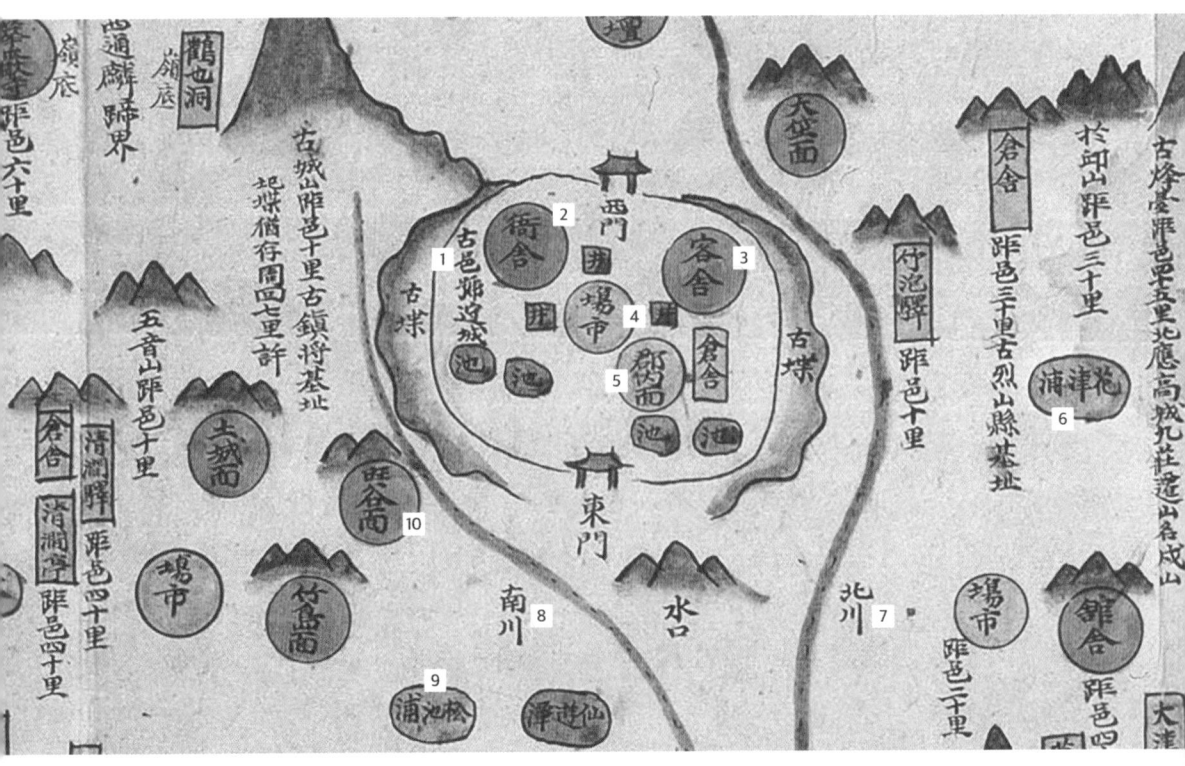

1. 고읍
2. 아사 (관아의 공사를 처리하는 집)
3. 객사 (딴 곳에서 온 관원을 대접하여 묵는 집)
4. 시장
5. 군내면
6. 화진포
7. 북천
8. 남천
9. 송지호
10. 왕곡면

화진팔경(花津八景)

제1경 월안풍림(月安楓林)
호수에 비친 교교한 달 그림자와 어우러진
가을 단풍

제2경 차동취연(次洞炊煙)
마을 내 평화롭게 오르는 저녁 밥을 짓는 연기

제3경 평사해당(平沙海棠)
호수 주변 넓은 하얀 모래밭에 핀 붉은 해당화

제4경 장평낙안(長坪落雁)
호수동편(장평)으로 청명한 울음과 함께
오르내리는 기러기 떼

제5경 금구농파(金龜弄波)
화진포 앞 바다 금구도(金龜島)에
부딪고 스러지며 노니는 파도

제6경 구용치수(龜龍治水)
바다로 빠져나가는 화진포 호숫물과
바닷물이 마주치며 용솟음치는 물길

제7경 풍암귀범(楓岩歸帆)
풍암별장에서 바라다보이는
돛단배 어선들의 정겨운 귀항

제8경 모화정리(茅花亭里)
(지금의 죽정리) 호수 모래밭에 있었다는
'모화정각(茅花亭閣)'의 아름다운 자태

남천 너머에도 호수가 보인다. 송지호(松池湖). 화진포와 더불어 고성의 대표적인 호수이자 여행지이다. 송지호로 여행을 가면 열이면 열, 왕곡마을에 들른다. 바로 옆이라 할 만큼 근거리에 있고 우리나라를 대표하는 민속 마을이기 때문이다. 특히나 추운 북방 지역의 겹집 가옥이 거의 유일하게 남아있는 곳이기도 하다. 왕곡마을은 조선과 함께 조성된 마을이다. 고려 말, 함무열이라는 대신이 조선 건국을 반대하며 간성으로 낙향하였고 왕곡마을은 그 손자가 정착하면서 만들어진 양근 함씨의 집성촌이었다. 여전히 사람들이 살고 있는 왕곡마을은 비어진 민속촌을 거닐 때와 다르다. 오랜 시간 사람들의 손길이 닿은 마을은 참 정겹다.

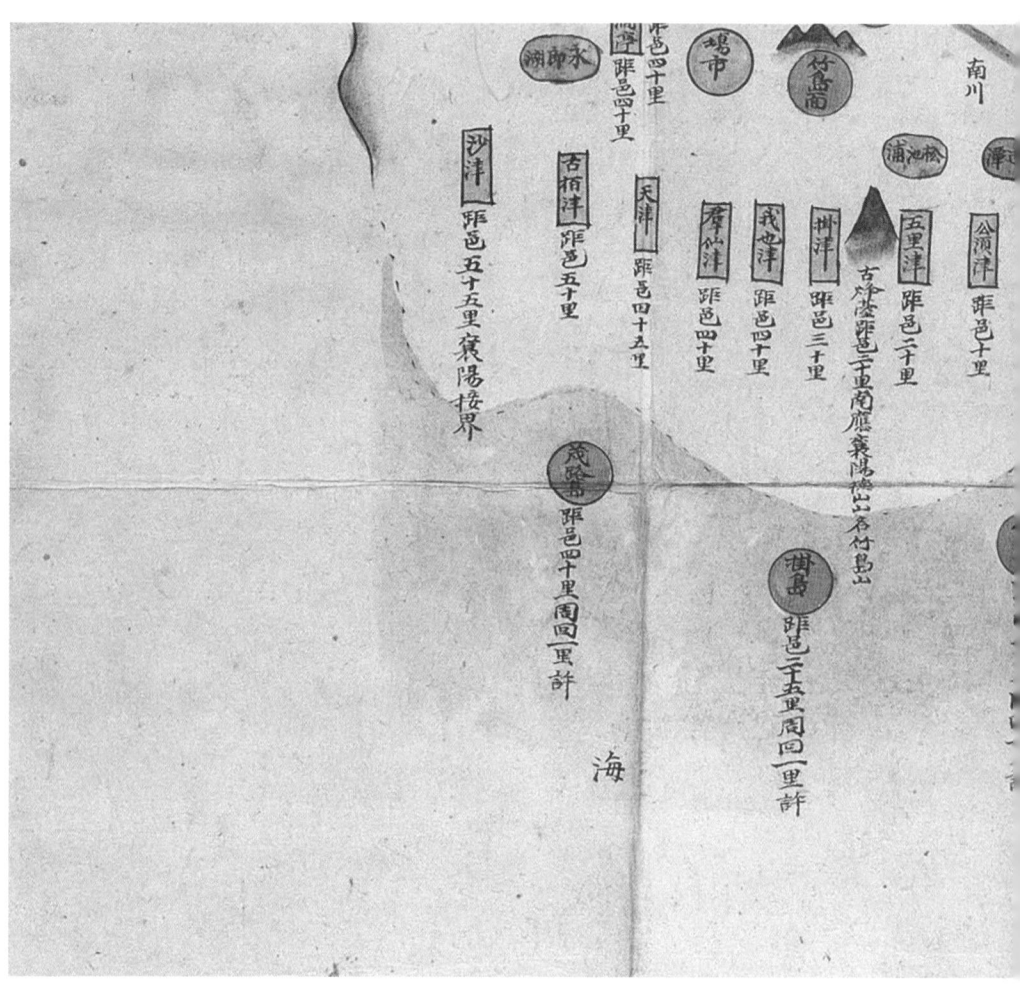

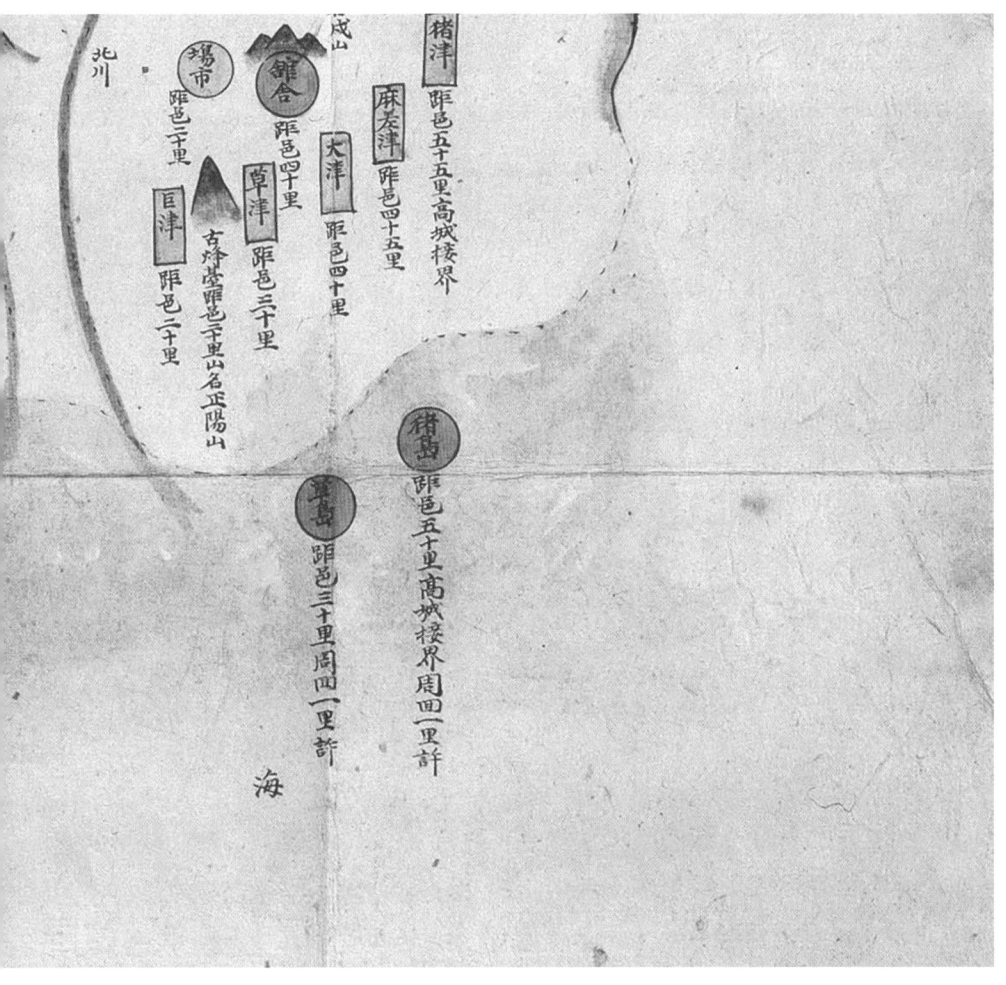

지도의 가장 아래, 동쪽. 드디어 바다에 닿았다. 바다를 따라 익숙한 이름들이 보인다. 고성의 해안도로를 달렸던 기억이 떠올랐다. 길을 따라 큼지막한 안내판이 세워져 있었다. 아야진, 마차진, 가진, 천진…. 굉장히 오묘한 지명이었다. 익숙하지 않아서인지 왠지 특별한 유래, 숨겨진 이야기가 있지 않을까 하는 공상에 빠졌다.

1872년 고성의 지도는 그때의 상상에 완벽히 부합한다. 마치 신선들이 살았을 것 같은, 항상 얕은 안개가 내려앉아 있을 것 같은. 고성은 그런 곳이었다. 지도는 우리를 가지 못하는 시간, 갈 수 없는 고성으로 데려다주었다. 그리고 여전히 이어져 오는, 변치 않은 고성을 만났다.

우리는 다시 고성으로 간다. 지도가 아닌 두발로.

송지호와 송호정

고성을 발견하는 34가지 방법

New Discovery of Goseong Sea and Port

조금 먼 탓일까.
뜨거운 여름이 되면 속초의 바다는 어김없이 시끌벅적하지만,
고성의 바다는 한적하기 그지없다.

editor 김연재   illustrator 최은진
photographer 조신형

푸른 빛의 매력은 아직 발견되지 않은 데 있다.
두 눈이 시릴 만큼 반짝이는 바다도, 코 끝이 뚫릴 만큼 비릿한 항구도
모두 고성에 있다.

정체의 순간. 어쩌면 이때 필요한 건 여태껏 보지 못한 새로운 풍경이다. 빽빽한 마음을 틔워주는 것이다. 일종의 '여기 이런 것도 있어!'라는 외침을 듣는 것이랄까. 길을 잃을까 두려워 길을 잃을 시도조차 하지 않는 나를 만날 때, 정체의 순간을 직감한다. 침체되었다고, 그리고 새로운 것이 필요하다고 말이다.

답답한 마음에 7번 국도를 밟았다. 한눈에 다 들어오지 않는 푸른 바다가 눈앞에서 반짝거렸다. 5분, 10분마다 나타나는 해변은 분명 달랐다. 천진해변에 차를 세우고, 무작정 바다로 달려갔다. 알록달록한 건물을 배경으로 생각보다 많은 사람이 바다에서 서핑을 즐기고 있었다. 서핑은 아니지만, 바다의 한가운데에 둥둥 떠있기로 했다. 방금 모래사장에서 본 풍경과 바닷물에서 본 풍경은 달랐다. 얼굴 가득 비추는 햇볕이 차가운 바닷물에 중화됐다. 아무것도 하지 않고, 그저 주변의 소리를 느꼈다. 길을 잃은 그때 알았다. 높은 밀도에 약간의 자리를 내주었을 때 비로소 풍경이 외치는 소리를 들을 수 있다는 것을 말이다.

이전과 달리 미묘한 차이를 느꼈다. 아래에서부터 마음이 꽉 차오르는 느낌이었다. 틈 사이로 스멀스멀 비집고 들어온 것들이 마음에 하나둘 자리를 잡았다. 돌아오는 차에서 중얼거려본다. 조금 더 잃어보고, 잃은 만큼의 여유를 허락해 보자고 말이다.

어디를 봐도 새로운 것으로 넘쳐났다. 새로움 때문에 어지럼증이 일었다.

이미상, 『소설 보다 : 겨울 2020』

Scene

고성을 발견하는 34가지 방법

용포항
아침 6시 30분, 퉈러퉈 호루라기 소리로
아침 경매장은 활기를 띤다.

천학정
기암괴석과 해안 절벽 위로 세워진 정자.
송림 사이에서 떠오르는 일출이 절경이다.

명파해변
2021년 5월,
40여 년 간 해변을 둘러싼 단단한 철조망이 제거됐다.

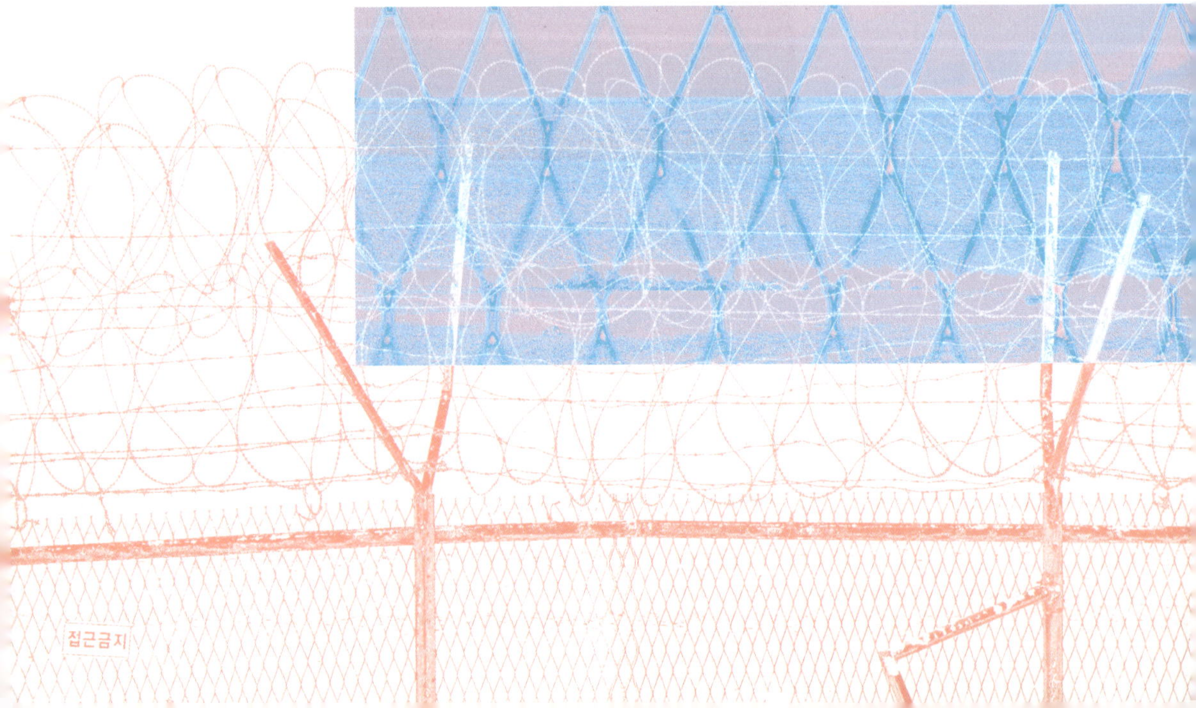

거진항
고성에서 가장 커다란 항구의 크기만큼이나
알록달록함이 돋보인다.

Scene

고성을 발견하는 34가지 방법

송지호 해변

어떻게 이런 바위가 있을까. 송지호 해변의 서낭바위는
파도 침식으로 아래보다 위가 더 넓은 모양이다.

55

Scene

New Discovery of Goseong Sea and Port

고성의 22개 해변과 12개 항구는 다른 곳에서는 마주하기 어려운 독특한 경관을 가지고 있다.

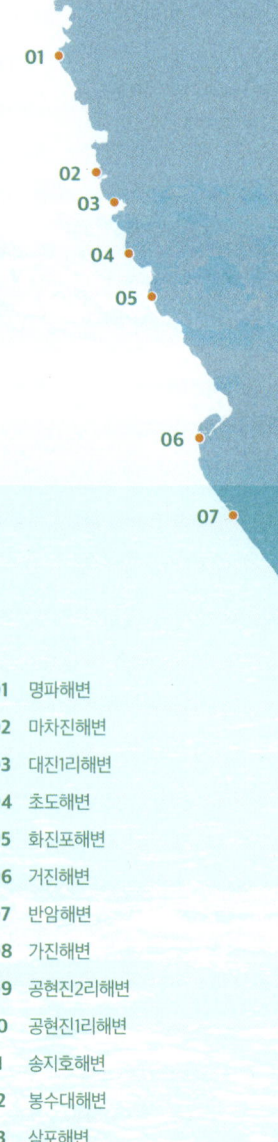

01 명파해변
02 마차진해변
03 대진1리해변
04 초도해변
05 화진포해변
06 거진해변
07 반암해변
08 가진해변
09 공현진2리해변
10 공현진1리해변
11 송지호해변
12 봉수대해변
13 삼포해변
14 자작도해변
15 백도해변
16 문암해변
17 교암리해변
18 아야진해변
19 청간해변
20 천진해변
21 봉포해변
22 켄싱턴해변

01	대진항
02	초도항
03	거진항
04	반암항
05	가진항
06	공현진항
07	오호항
08	백도항
09	문암항
10	교암항
11	아야진항
12	봉포항

Scene

고성을 발견하는 34가지 방법

6,600+

기이하게 생긴 바위와 괴상하게 생긴 돌

고성에는 유독 독특한 바위가 많습니다. 특히 '형태'에서 그 진가를 발휘하는데, 일반적인 해변에서는 좀처럼 만나기 어렵기 때문이죠. 약 6,600만 년 전의 화산 폭발을 시작으로 긴 시간 동안 수도 없는 물결들이 몰아쳤고 그 자리를 지키던 암석은 조금씩 깎여나가, 지금의 기암괴석이 만들어졌습니다. 송지호해변에서 서낭바위를, 문암해변에서 능파대를 만나보세요.

4, 6, 2

고성의 12개 항구

강원도는 인근 어항* 간의 거리가 3.2km로 전국에서 가장 짧습니다. 그만큼 많은 어항이 있다는 뜻이기도 하죠. 일반적으로 항구는 국가어항**, 지방어항***, 정주어항****으로 분류됩니다. 고성에는 4개의 국가어항(아야진항, 공현진항, 거진항, 대진항), 6개의 지방어항(봉포항, 교암항, 백도항, 문암항, 오호항, 가진항), 2개의 정주어항(반암항, 초도항)이 있습니다.

* : 어선이 안전하게 출입 및 정박하고 기상 악화 시 안전하게 대피할 수 있는 어업 활동을 위한 항구
** : 이용 범위가 전국적이거나 크고 작은 섬에 위치해 어장의 개발 및 어선의 대피에 필요한 어항
*** : 이용 범위가 지역적이고 연안어업에 대한 지원의 근거지가 되는 어항
**** : 어촌의 생활근거지가 되는 소규모 어항

21/05/21

명파해변 철책선 제거

2021년 5월 21일, 명파해변의 통제선이 제거됐습니다. 철책을 두른 지 40년 만입니다. 갈라진 역사를 증명하듯 단단하고 뾰족한 철책이었죠. 1960년대 무장간첩 침투사건 이후로 동해안에는 총 183km의 철책이 설치됐습니다. 하지만 2006년부터 군 경계 철책 철거 3단계 사업으로 동해안 철책이 하나둘 제거됐죠. 현재까지 고성에서는 약 9.2km의 경계 철책이 사라졌습니다.

66.3KM

해파랑길

부산 오륙도 해맞이 공원에서 강원 고성 통일전망대까지를 잇는 750km의 길입니다. 바다, 숲, 마을의 길을 잇는 장거리 걷기 여행길이기도 하죠. 전체 10개 구간, 50개 코스가 있으며 그중 46, 47, 48, 49, 50코스는 총 66.3km로 속초의 장사항, 삼포해변, 가진항, 거진항, 명파해변을 거쳐 통일전망대로 들어옵니다. 소요 시간과 코스를 확인해, 나만의 해파랑길을 만들어보세요.

해파랑길 46코스 : 15km(5시간) 장사항→청간정→천학정→삼포해변
해파랑길 47코스 : 9.7km(3시간 30분) 삼포해변→송지호 철새관망타워→왕곡마을→가진항
해파랑길 48코스 : 16.6km(5시간) 가진항→남천교→북천철교→거진항
해파랑길 49코스 : 12.3km(5시간) 거진항→김일성별장→금강산콘도→통일전망대 출입신고소
해파랑길 50코스 : 12.7km(3시간) 통일전망대 출입신고소→명파해변→제진검문소→통일전망대

명태의 산지

한때 거진항은 전국 명태 어획량의 약 60% 이상을 담당했어요. 1930년대만 해도 120호의 작은 어촌이었지만, 명태가 많이 잡히면서 점점 항구의 규모도 커졌습니다. '명태서거리', '명란식해' 등 별미 음식도 함께 생겨났고요. 거진항으로 들어오는 명태는 진짜 명태, 진태로 불렸다고도 합니다. 수산시장에서는 명태 말고도 다양한 제철 해산물들을 구매할 수 있으니 함께 들러보세요.

근사한 파도타기

고성 바다가 가진 또 하나의 보석은 바로 서핑입니다. 이미 많이 알려진 동해안의 서핑 명소와는 달리, 고성의 바다에는 비교적 사람이 적습니다. 그만큼 더 널널하고, 한적하게 파도를 탈 수 있다는 거죠. 실제로 고성의 바다는 수심이 얕으면서도 파도의 너울은 높고 길어 서핑을 하기에 최적의 조건인데요. 파도가 강해지는 9월부터 10월, 근사한 파도를 타러 오세요.

백도오토캠핑장

백도오토캠핑장은 문암1리 백도해수욕장 내에 위치한 캠핑장이에요. 기암괴석이 많고 소나무 숲이 넓게 펼쳐져 경관이 아름답습니다. 바다의 남동쪽에는 갈매기의 배설물이 하얗게 덮였다고 해서 백도라 불리는 섬이 있어요. 74개 사이트 중 마음에 드는 장소를 골라 신선한 해산물과 함께 캠핑을 즐겨보세요.

자연이 만든 천연 낚시터

송지호해변에는 갯바위 위의 낚시꾼들을 종종 볼 수 있어요. 송지호해변에서 북쪽으로 500m 정도 올라가면, 천연 석호가 있는데요. 바닷물고기와 민물고기를 모두 잡을 수 있는 특별한 장소예요. 석호는 처음에는 바다였지만, 주변 지형이 변화함에 따라 해양으로부터 분리되어 형성된 호수를 말해요. 담수와 해수가 공존해 2가지 종류의 물고기를 모두 잡을 수 있는 거죠.

FOREST

editor 윤승용·마가윤 illustrator 최은진 photographer 윤승용·조신형

지역의 매력을 하나로 단정 짓기란 쉽지 않다. 강원도 고성을 생각하면 머릿속에 바다가 떠오르지만, 막상 지도를 펼쳐놓고 보면 일부에 지나지 않는다. 기다란 해안선만큼 커다란 고성의 안쪽은 짙은 녹색의 숲으로 가득 차 있다. 그런데 왜 우리는 고성의 숲을 잘 알지 못할까. 그도 그럴 것이 백두대간의 험준한 산세와 북쪽의 DMZ를 생각하면 고성의 숲은 다가가기 어렵기만 하다. 그나마 남쪽의 미시령과 진부령이 사람들에게 많이 알려져 있으나 인접한 인제나 속초로 인식되곤 한다.

북쪽의 숲은 행정구역 구분에 따르면 강원도 고성군 수동면에 해당한다. 수동면은 우리나라에서 유일하게 인구가 0명이다. 물이 많이 흐르는 곳이라 수동면이라는 이름이 붙여진 이곳은 민간인통제구역에 해당하여 한국전쟁 이후 사람이 거주하지 않는다. 갈 수 없을 뿐만 아니라 사람이 살지 않는 곳이 우리나라에 있다니 신기할 따름이다. 그리고 다시 한 번 지도를 켜고 고성의 숲을 보면 "이곳은 금강산일까, 설악산일까."하는 궁금증이 생긴다. 우리나라에 있으니 설악산 일 것 같지만, 북쪽의 숲은 오래전부터 금강산 자락이라 불리던 지역이다. DMZ 장벽을 걷어내면 본래 하나의 산이라 이야기 할 수 있을 것처럼 남과 북의 숲은 자연스럽게 연결된다.

동쪽의 숲은 해안에 늘어서 있다. 해안의 숲들은 과거부터 바람을 막아주는 방풍림의 역할을 해왔는데, 사시사철 푸르고 튼튼한 소나무류가 대부분이다. 주거 공간이 해안에 밀집해 있는 고성이야말로 방풍림의 중요성이 큰 지역이다. 화진포 호수에 크게 둘러 조성된 소나무 숲을 대표적인 방풍림이라 할 수 있다. 두껍게 펼쳐진 해안 숲 사이로 관광시설도 많고, 길도 잘 정비되어 있어 걷기에 좋다. 아픈 기억도 있다. 몇 해 전 고성 남부지방의 화재로 사람들과 동물들의 터전이 사라지는 안타까운 사건이 있었다. 물론 해안의 일부 방풍림들도 새까맣게 타버리게 되었다. 온전한 방풍림을 보기 위해선 아마도 수십 년의 시간이 걸릴 것만 같다.

동서남북으로 나누어 들여다보니 고성의 숲 이야기는 꽤나 다양하다. 갈 수 없는 숲부터 잃어버린 숲까지 다른 곳에서는 만날 수 없었던 이야기도 발견할 수 있다. 이제는 현장으로 떠나볼 차례이다. 서울을 떠나 고성의 서쪽 숲을 넘어 해안으로 이어진 동쪽 숲으로 떠나는 여정을 세웠다. 책상에 앉아서는 들을 수 없었던 이야기들을 찾아 떠나보았다.

끝없는 숲을 지나
비로소 만나는 도시

"차가 없었을 때는 어떻게 다녔을까" 서울을 떠나 고성으로 가는 차창을 보고 있자니 문득 이런 생각이 든다. 엑셀을 밟은 발에 쫄깃한 긴장감을 주는 경이로운 오르막이 구불구불 이어진다. 아주 오래전, 고작 짚신을 신고 길을 올랐을 것을 상상만 해도 발바닥에 물집이 잡힐 것만 같다. 서울에서 고성으로 가기 위해서는 진부령과 미시령의 두 가지 선택지가 있다. 예상컨대 미시령을 넘어가는 이들은 화려한 속초 여행을, 반면 진부령을 넘는 사람들은 소소하고 조용한 고성 여행을 즐길 것이라 조심스레 점쳐본다.

잘 닦인 도로를 따라 힘들게 오르며 보이는 산들은 모두 백두대간의 줄기이다. 나는 그다지 액티브한 산행을 좋아하지는 않지만, 산을 좋아하는 친구들에게 백두대간 종주는 인생의 숙제같은 것이라 듣곤 했다. 물론 지리산부터 백두산까지를 잇는 1,800km의 구간은 완주할 수 없지만, 700km 즈음인 진부령에서 마무리 짓는 것을 '백두대간 종주'라 표현한다. 인터넷에서는 통일이 되면 백두산까지 완주하겠다는 다짐을 종종 볼 수 있다. 통일에 대한 염원은 등산에서 빛을 발하는 것 같기도 하다. 강원도 인제에서 고성으로 넘어가는 진부령 정상에는 커다란 표지석과 쉼터가 마련되어 있다. 많은 사람이 백두대간의 꿈을 잠시 내려놓는 곳이다.

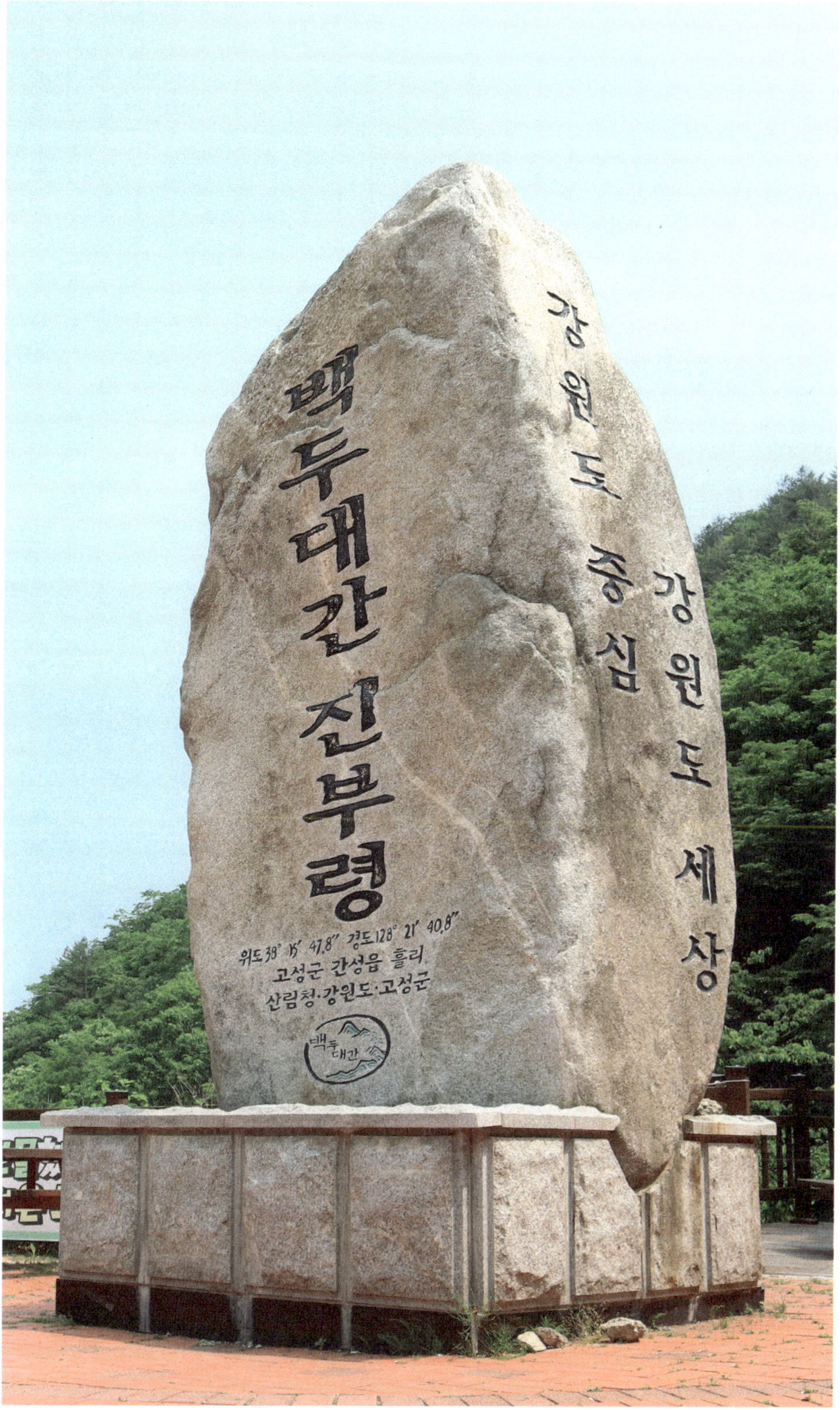
백두대간 진부령
강원도 중심
강원도 세상
위도 38° 15' 47.8" 경도 128° 21' 40.8"
고성군 간성읍 흘리
산림청·강원도·고성군
백두대간

높은 산, 깊은 곳에서도 사람들의 삶은 이어진다. 진부령 정상, 작은 시가지에서 옆길로 빠지는 도로가 하나 있다. 과거 고성에서 가장 화려했던 흘리 마을로 가는 길이다. 첩첩산중에 있어 밖에서는 보이지도 않는 마을이 화려했던 이유는 스키를 타던 리조트가 있었기 때문이다. 멈춰버린 스키장으로 가는 길목마다 상점들이 문을 닫은 것은 매우 생경한 모습이다. 과거에는 많은 관광객이 낮에는 스키를 타고 밤이면 고성 해안으로 회를 먹으러 갔다던 후일담으로만 과거의 모습을 그려볼 수 있다.

폐허의 모습을 걷어내고 주위를 둘러보면 원래 주인인 흘리 마을이 보인다. 마치 유럽의 알프스 산속에 숨겨진 도시들처럼 사방이 산으로 둘러싸여 있고 꼭대기에는 구름이 걸려있다. 이처럼 산이 아름다운 흘리는 리조트로만 알려진 곳은 아니다. 금강산 일만이천봉 중 하나인 마산봉 자락에 있어 간혹 등산객들이 지나가기도 하고, 한국전쟁 수복지역으로 한동안은 통제구역으로 묶인 곳이기도 하였으며, 봄에도 눈이 내리는 특별함이 있다. 진부령을 넘는 길이 지루한 사람이라면 방향을 틀어 흘리에서 잠시 마산봉을 바라보며 쉬어가는 것을 추천한다.

**고개를 넘어
바다로 이어지는 숲**

백두대간 고개를 넘어 내리막으로 접어들면 녹색 양탄자를 깔아놓은 듯이 펼쳐진 숲들이 보인다. 그 뒤로는 끝이 어딘지 모를 푸르른 바다가 펼쳐져 있다. 가파른 산에서 바다로 쏟아져 내리는 듯한 숲은 울퉁불퉁 제주에서 볼 법한 볼륨감을 만들어낸다. 이처럼 고성으로 향하는 여행의 지루함은 고개를 넘어 바다를 바다볼 때 사그라들기 마련이다. 급격히 변화하는 자연은 간혹 부작용을 주기도 한다. 높은 산과 바다가 만나 바람이 강한 탓에 고성에서는 산불 피해가 종종 발생하곤 한다. 2019년 뉴스를 떠들썩하게 했었던 산불은 고성과 속초 일대에 큰 피해를 주었다. 미시령을 넘어 해안으로 연결되는 샛길을 지나다 보면 불에 탄 채로 무리 지어 서 있는 나무들을 볼 수 있어 당시의 상황을 조금이나마 가늠할 수 있다.

해안가에 아름답게 늘어선 소나무 숲은 진부령을 넘을 때 보았던 숲과는 다른 매력이 있다. 고성 해안의 길이는 60km가 넘는데, 그중에서도 꼭 가봐야 하는 곳은 화진포이다. 강의 하구와 바다가 만나는 곳에 만들어진 화진포는 동해안에서 가장 큰 호수이다. 고성의 대표적인 관광지이기 때문인지 편의시설도 잘 갖추어져 있다. 울창한 소나무 사이로 단정하게 마련된 길을 걸어본다. 파도가 없는 고요한 호수를 바라보며, 멀리서 들려오는 파도소리를 듣자니 마치 화투를 치다 일타쌍피를 얻은 것만 같다. 특산품 매장에서 새어 나오는 명태, 오징어 냄새에 한 번 정신이 팔리긴 했지만, 다시 마음을 다잡고 숲 여행을 이어갔다.

호수 둘레길에서 벗어나 바닷가 언덕에 지어진 김일성 별장으로 발길을 옮겨본다. 유럽에서나 볼 법한 건물을 뒤로 하고 언덕길을 계속 오르면 응봉이라는 낮은 산의 정상을 만날 수 있다. 해발 122m를 오르는 적은 노력에 비해 너무나 아름다운 것들을 볼 수 있다. 가까이는 초승달 같은 화진포 해안의 소나무 숲이 보이고, 멀게는 끝없는 산과 바다가 동시에 펼쳐진다. 고성의 숲의 매력을 찾아 나선 여행의 종착지에 닿은 것이다. 강원도 고성의 숲으로 떠나는 여행을 준비하면서 다소 어려운 부분이 있었다. 고성 여행의 메인 키워드라고 할 수 있는 평화, 바다, 등산과 다르게 숲에는 어떤 이야기를 담아야 할지 많이 고민했다. 나무의 이름, 생태적 가치, 등산 정보 등 수많은 유용한 정보들을 전달할까 하기도 했었지만, 구글에서 검색하면 되는 것을 굳이 쓸 필요는 없었다. 결국에는 고성 여행의 틈새를 찾아 소소하게 숲에 대한 이야기를 적었다. 누구나 여행을 떠난다면 반드시 만날 수 밖에 없는 숲이 조금은 더 친숙하도록.

Episode / Finding Traces of Mt.Geumgang

금강산의
흔적을 찾아서

editor 박한솔 · 유다연 · 마가윤   illustrator 최은진
photographer 박한솔 · 조신형 · 유다연

익숙하지만 갈 수 없는 그리운 땅이 있다. 우리는 '금강산도 식후경이지!' 같은 관용 표현을 아무렇지 않게 내뱉고, '금강산 찾아가자~ 일만이천봉' 멜로디를 쉽게 흥얼거린다. 누구에게나 익숙하지만, 막상 가본 사람은 거의 없는 곳. 금강산은 언제부터 그리운 장소가 되었을까. 금강산에 갈 수 있는 방법은 없을까. 그 흔적을 찾아 떠나보자.

Episode

금강산의 흔적을 찾아서

나와 세상을
알아가는 곳

금강산의 아름다운 산수는 예로부터 감상의 대상이었다. 고성의 시작점에 위치한 설악산의 울산바위도 금강산과 인연이 깊다. 태초에 조물주가 금강산을 만들며 전국의 아름다운 바위들을 불러 모았다. 울산바위도 열심히 금강산을 향해 갔지만, 이미 금강산의 일만 이천 봉이 모두 완성되어 지금 자리에 멈춰 섰다고 한다. 울산바위의 설화에서도 등장하는 걸 보니 금강산이 이름을 날린 것은 어제오늘의 일이 아닌 듯 싶다.

조선시대 사대부들은 세상의 이치를 깨닫고 심신을 수련하기 위해 금강산을 찾았다. 성리학에서는 자신에 대한 수양을 가장 중요한 덕목으로 여겼다. 공자가 자신의 마음을 항상 스스로 살펴야 한다고 말한 것이 이 때문이다. 그렇게 사대부들은 자신과 세상을 알기 위하여 산으로 떠났다.

'독서가 산을 유람하는 것과 같다고 하는데, 이제 보니 산을 유람함이 독서와 같구나.'
— 퇴계 이황, 유산여독서(遊山如讀書) 중

그 시절, 금강산이 사대부의 핫플레이스임은 당연했다. 고려 말부터 조선 말까지 문인들이 남긴 금강산 유람록은 무려 170여 편에 달한다. 우리에게 익숙한 송강 정철의 시, '관동별곡'도 그러하다. 관동별곡은 정철이 강원도 관찰사가 되어 관동 일대를 돌아다니면서 경치에 감탄하고 올바른 과업을 행하겠다고 다짐하는 글이다. 당연히 금강산도 정철의 유람지였다.

동명(東溟)을 박차는듯 북극(北極)을 괴왔는듯
높을시고 망고대(望高臺) 외로울사 혈망봉(穴望峰)이
하늘을 치밀어 무슨일을 하리로다
천만겁(千萬劫) 지나도록 굽힐줄 모르는다
어와 너 여이고 너 같으니 또 있느냐
— 정철, 관동별곡(關東別曲) 중

높이 솟은 망고대와 혈망봉의 풍경에 감탄한 정철은 그 풍경에서 군자의 절개를 읽고 자신을 성찰한다. 정철에게 금강산은 아름다운 산 이전에 닮고 싶은 군자의 상이었다. 과거 사람들이 산을 대하는 태도는 오늘날과 사뭇 달랐다.

정선, 금강전도(金剛全圖)

기차를 타고 가는 여행지

금강산 여행의 인기는 일제강점기라는 어두운 시대에서도 계속되었다. 일제는 대륙진출과 수탈을 위하여 한반도 전역에 철도를 건설하였으나, 아이러니하게도 금강산을 향하는 철도는 누구나 쉽게 금강산으로 떠날 수 있게 하였다. 이제 금강산은 말 그대로 '여행' 자체를 위한 공간이 된 것이다.

내금강산장

외금강산장

쿠메산장 (비로봉)

참고문헌
금강산전기철도주식회사(1939), 《금강산전기철도20년사》
매일신보, 1932.11.18
서영애·박한솔(2019), 금강산전기철도에 의한 철원지역 근대 경관과 흔적, 한국경관학회지

첫 변화를 이끈 것은 금강산전기철도이다. 1931년, 내금강역까지 금강산전기철도가 완공되자 금강산은 더욱 가까운 관광지가 되었다. 철도는 이동성을 촉진했고, 중상류층을 중심으로 위락 목적의 근대 관광이 생겨난 것도 이때라 할 수 있겠다. 기차는 식당과 침대칸이 갖춰진 관광열차였고 금강산의 내금강, 외금강, 비로봉 등지에는 산장들이 운영되었다. 경성역(서울역)에서는 금강산 단체 관광 프로그램까지 만들어졌으니, 그 인기는 대단했다.

금강산을 향하는 또 다른 철도는 동해북부선이다. 1937년 완공된 동해북부선은 원산과 양양을 연결하는 철도로, 바다와 금강산을 함께 즐길 수 있어 인기가 높았다. 외금강역과 삼일포역은 금강산 관광객으로 항상 붐볐는데, 외금강역은 전통적인 한옥이었던 내금강역과 달리 외국에서 볼 법한 이국적인 모습으로 조성되었다.

그러나 한국전쟁을 거치며 금강산은 갈 수 없는 곳이 되었다. 동해북부선이 2007년 복원되어 북한의 감호역까지 시범운행이 진행되기도 했지만, 기차는 더 이상 달리지 않는다.

> 내금강 역사에 도착. 어느 외국인의 산장을 그대로 떠다 놓은 듯이 멋진 양관 외금강 역과 아울러 이 한국식 내금강 역은 산을 찾아오는 사람에게 무한 정다운 호대조의 두 건물이다. 내와 외를 여실히 상징한 것이 더 좋았다.
> — 정비석, 산정무한 중

금강산전기철도 3등석

삼운은행 / 삼양은행

금강산전기철도

다시 가고픈
금강산

1998년, 금강산이 우리에게 닿았다. 단단히 가로막힌 육지가 아닌, 바닷길로 가는 금강산 여행이었다. 동해항 국제여객터미널에서 저녁 6시에 출발한 배(금강호)는 다음날 새벽 6시 북한의 장전항에 도착하였다. 군사분계선을 우회하는 12시간의 긴 항해였다. 육지에 도착한 여행객들은 3개조로 나뉘어 각각 구룡폭포 코스, 만물상 코스, 삼일포 해금강 코스를 여행하였다. 저녁이면 금강호에 다시 승선하였고 다음날, 코스를 바꾸어 여행에 나섰다. 3일간의 여행을 마친 뒤 넷째 날 저녁 6시에 금강호는 남쪽으로 출항하여 다음 날 오전 6시, 동해항에 도착하였다.

금강산 관광이 육로로 확대된 2004년부터는 더 많은 사람이 금강산으로 여행을 떠났다. 2008년 운영 중단 이전까지 약 150만 명이 방문하였는데, 나도 그중 하나였다.

2004년 7월, 가족들과 함께 금강산으로 떠났다. 일반인에게 판매된 첫 번째 금강산 육로관광상품으로, 당일관광 코스였다. (이후에는 1박2일, 2박3일 코스도 운영되었다.) 여행 첫날 아침 6시, 고성 금강산콘도에 도착했다. 밤새 차를 끌고 온 가족부터, 고성이나 속초에서 하룻밤을 보낸 여행객들도 있었다. 당시 나는 거의 잠에 취해 관광버스로 몸을 옮겼다. 7시쯤 버스가 콘도를 출발하였고, 한 30분이 지났을 때쯤 이곳이 북한이라는 안내가 흘러나왔다. 한순간에 잠이 달아났다. 아버지께서 열심히 군사시설과 한국전쟁에 대해 설명해 주셨는데, 나에게는 버스 안의 풍경이 더 신기하고 재밌었다. 한 사람도 빠짐없이 창문에 딱 붙어서 비무장지대를 바라보는 모습이라니. 이동 중 사진 촬영이 금지되어, 모두들 눈으로 비무장지대와 군사시설을 담기 위해서였다. 창밖과 안, 모두 어디서도 볼 수 없는 풍경이었다.

우리는 구룡연(구룡폭포) 코스로 여행을 떠났다. 버스는 신계사 터를 지나 산 중턱 주차장에서 멈췄다. 등산로를 따라 걷자마자 만난 바위산의 풍경은 가히 절경이었다. 등산을 해야 한다는 소식에 비쭉 입이 튀어나왔던 어린 나까지 매료시킬 정도였다. 뽀족뽀족한 산 능선과 푸르른 숲. 그 속에는 또 어떤 풍경이 있을지 궁금했고 발걸음이 가벼워졌다. 암석과 계곡을 따라 여러 개의 다리를 건너고 올랐다. 바위굴 같은 금강문, 폭포수가 떨어지는 모습이 봉황새가 날아오르는 모습을 닮았다는 비봉폭포를 지나 금강산을 지키는 아홉 마리 용이 살았다는 구룡폭포에 드디어 도착하였다. 한눈에 봐도 엄청나게 높은 절벽에서 폭포가 떨어졌다. 당시에 물이 많지는 않았음에도 자연의 웅장함이 그대로 느껴졌다. 폭포를 배경으로 사진을 찍으며 해냈다는 기쁨에 젖었다. 해맑게 웃으며 "이제 내려가요?"라고 묻자 "아니, 한 곳 더 가야 해. 상팔담. 구룡폭포 위에 있는 연못인데, 선녀와 나무꾼의 배경지래." 평소 같으면 절대 못한다며 포기했을 테지만 금강산을 오르며 만난 풍경들은 나를 걷게 했다.

신나게 나선 발걸음은 금세 멈췄다. 눈앞에 말도 안 되는 광경이 펼쳐졌기 때문이다. 끝도 안 보이는 계단이 거의 90도로 서 있었다. 나중에 찾아보니 80도 경사였지만, 실제로는 쏟아질 것 같이 곧게 서 있는 모습이었다. 인파에 휩쓸리듯 계단을 올랐다. 철제 계단은 좁았고 양옆의 손잡이는 불안하기 짝이 없었다. 못 올라가겠다 싶어 고개를 뒤로 내려다보니 내려갈 엄두조차 나지 않았다. 어쩔 수 없이 다시 오르는데, 운동화 끈이 풀렸다. 손잡이를 꼭 잡고 있던 손을 놓으며 떨어지지 않기 위해 다리에 힘을 꽉 주었다. 그런데 웬걸. 운동화 끈을 묶는데, 두 다리가 경련이 일어난 듯 후들후들 떨리고 있었다. 아버지가 옆에서 몸을 잡아주긴 했지만, '여기서 죽을 수 없어.'라는 생각으로 몸의 균형을 잡는 데 온 신경을 쏟았다. 참 안타깝게도 아름다운 금강산 여행 중 가장 강렬하고 뚜렷하게 남아있는 웃기지만 슬픈 기억이다. 그렇게 목숨의 위협을 받으며 도착한 상팔담은 신비로웠다. 층층이 연결된 여덟 개의 연못에는 옥색의 물이 담겨 있었다. 가장 크고 동그란 네 번째 연못이 바로, 선녀와 나무꾼 설화에서 선녀가 목욕을 했던 장소라고 한다. 미색의 바위 사이가 반짝반짝 영롱하게 빛나는 모습은 직전의 살기 위한 몸부림을 잊기에 충분했다.

산행을 마무리하고 장전항의 금강산특구를 돌아보면서, 곧 1박 2일, 2박 3일의 금강산 여행 코스가 생긴다는 소식을 들었다. 다음에는 만물상 코스를 가보자는 이야기를 하며 우리는 남쪽으로 내려왔다. 실제로 부모님은 여행에서 돌아와 금강산 골프장의 회원권을 구매하였다. 비록 아직까지 한 번도 금강산 골프장에 가본 적은 없지만 말이다.

사찰에서 만난 금강산

금강산이 상상 속에만 있는 것은 아니다. 금강산은 일만이천봉이 있는 아름다운 명승지로 잘 알려져 있지만, 팔만구암자가 있던 한국 불교의 성지이기도 하다. 그리고 고성에는 여전히 금강산 사찰이 남아있다. 우리는 잃어버린 금강산의 흔적을 찾아 고성의 사찰로 떠났다.

화암사
팔만구암자의 첫 번째 암자

자욱한 안개가 산을 감싸던 6월의 어느 날, 금강산 화암사에 올랐다. 이곳에는 '금강산 제1봉', 신선봉이 있다. 그리고 팔만구암자 중 첫 번째 암자가 바로 신선봉 자락의 화암사이다.

금강산을 만나러 가는 길이니만큼, 곧장 화암사로 향하기보다 '화암사 숲길'을 따라 산을 올랐다. 화암사 숲길은 화암사 초입에서 수바위를 지나 신선대(성인대)까지 오르고 다시 화암사길을 따라 화암사로 내려오는 약 4.1km 길이다. 숲길을 1시간 정도 올랐을까. 신선대에 도착했다. 신선들이 내려와 놀던 바위라더니, 신기하게 하루종일 따라다니던 안개도 그 모습을 감추었다. 고즈넉한 고성의 전경, 우뚝 솟은 수바위 주위로 작게 보이는 화암사, 그리고 그 둘레로 펼쳐진 울산바위와 성인봉까지. 금강산 유람이 조선의 사대부들에게 그토록 사랑받은 까닭을 알 것도 같았다. 금강산의 초입도 이렇게 아름다운데 깊은 산 속은 얼마나 아름다울까.

화암사 숲길 안내도에서는 일주문이 '산사로 가는 길'의 시작점이지만, 신선대에서 보는 풍경을 먼저 즐기고 싶은 사람에게는 화암사 2주차장에서 출발하는 코스를 추천한다. 숲길 입구가 2주차장 인근에 있어 산에 오르는 데 드는 체력과 시간을 줄일 수 있다.

어느새 화암사에 닿았다. 신선대에서 본 것과는 또 다른 금강산의 절경이 한 눈에 들어온다. 커다란 수바위와 아름다운 산세, 그리고 넓게 펼쳐진 동해의 풍경을 보니 '고성 8경'이라는 말이 괜히 붙지는 않은 것 같다.

옛날에, 수바위에 있는 구멍에 지팡이를 넣고 세 번 흔들면 쌀이 조금씩 나왔다고 한다. 이 쌀로 화암사의 스님들이 생활을 했다. 그러나 어느 날, 한 스님이 욕심에 차서 지팡이를 넣고 마구 흔들었더니 그 이후로 쌀이 다시는 나오지 않았다고 한다. 지나친 욕심은 화가 된다는 교훈을 전하는 설화이자, 수바위와 화암사 이름의 유래이다. 수바위는 쌀 수(穗), 화암사는 벼 화(禾), 바위 암(巖)를 사용한다.

화암사에서는 어디서나 수바위를 바라볼 수 있지만 그중에서도 멋진 곳이 두 군데 있다. 첫 번째는 화암사의 전통 찻집 '란야원'이다. 차를 마시면서 수바위의 전경도 담을 수 있는 '뷰 맛집'이다. 두 번째는 이곳에서 가장 높은 곳에 자리한 미륵대불 석조전이다. 높이만큼 가까이 다가온 수바위를 감상할 수 있다.

건봉사
시간의 흔적을 고스란히 간직한 천년고찰

한국전쟁 이후 건봉사는 군통제지역에 있어 출입이 어려웠다. 그렇다 보니 조선시대 4대 사찰 중 하나였던 것에 비해 많은 사람에게 알려지지 않았다. 1988년 통제가 완화되면서 자유롭게 왕래가 가능해졌지만 굽이굽이 산골에 위치한 탓에 여전히 다가가기 쉽지 않다.

건봉사로 올라가는 초입, 불이문은 시간의 흔적을 고스란히 간직하고 있다. 6·25 전쟁에도 불에 타 소실되지 않은 건봉사의 유일한 건축물로, 자세히 들여다보면 희미하게 남은 총알 자국을 발견할 수 있다. 불이문 바로 옆을 지키고 있는 500년 된 팽나무도 지나온 시간을 보여준다. 긴 세월을 홀로 기억한다는 건 어떤 기분일까. 잠시 멈추어 생각에 잠겼다.

건봉사에서 불교적 의미가 가장 큰 곳을 고르라 한다면 적멸보궁이 아닐까 한다. 적멸보궁에는 불상이 없다. 불상이 위치할 자리에는 창문이 있는데, 창 너머로 보이는 탑에 부처님의 진신치아사리*가 모셔져 있다. 재미있게도, 건봉사의 진신치아사리는 도굴꾼 덕분에 알려지게 되었다. 1986년, 건봉사가 민간인통제구역에 있음에도 '건봉사 복원조사단'으로 사칭하여 검문소를 통과한 전문 도굴꾼들은 사리탑의 사리와 사리함을 훔쳐 갔다. 그러나 도굴꾼의 꿈에 부처님이 계속 나타나 꾸짖었고 결국은 절로 돌려보냈다고 한다. 잃어버린 12과 중 돌아온 8과의 진신치아사리는 적멸보궁 석탑에 3과를, 법당에 나머지 5과를 봉인하였다. 진신치아사리는 전 세계에 12과만이 남아 있는데 그중 8과가 건봉사에, 나머지 3과는 스리랑카에 있다고 하니 여전히 금강산 건봉사는 불교의 성지이다.

진신치아사리

부처님의 신골을 진신사리(全身舍利)라고 부르는데, 건봉사의 진신치아사리는 신라시대 자장법사가 중국 오대산에 건너가 문수보살전에서 얻은 진신사리 100과 중 일부이다. 이 사리들은 통도사, 월정사, 정암사, 봉정암에 나누어 봉안되었다. 건봉사의 진신치아사리는 임진왜란 때, 왜군이 탈취해간 통도사의 사리를 다시 찾아온 것으로, 재약탈을 우려하여 통도사와 건봉사에 함께 분장하였다.

능파교를 건너니 대웅전이 모습을 드러냈다. 봉서루 아래에서 보는 대웅전은 마치 액자 속 그림을 보는 듯하다. 대웅전의 문간과 기둥이 양록색 단청과 이루는 조화가 아름다웠다. 종교와 상관없이, 공간 자체가 주는 감성이 있음을 다시 한번 깨달았다. 대웅전에 감탄하고 뒤를 돌아보니, 지나온 봉서루가 보였다. 건봉사에 들린다면 봉서루에 꼭 올라보는 것을 추천한다. 가까이 가서 창틀이나 단청 무늬를 감상하는 것도 좋지만 거리를 두어야 보이는 아름다움도 존재한다. 봉서루의 창 너머로 차경되어 보이는 건봉사의 전경이 그러하다. 지금은 녹음이 가득하지만 봄이 되면 산수유와 벚꽃이 만개할 것이다. 다가올 봄의 풍경을 기대하며 봉서루 너머를 바라보았다.

건봉사에는 종교시설 외에도 만해 한용운 기념관과 사명대사 기념관이 있다. 우리에게 님의 침묵으로 잘 알려져 있는 한용운이 당호를 받은 장소가 바로 건봉사이고 임진왜란 시기 사명대사가 의병을 훈련시키던 곳도 바로 이곳이다. 그 인연으로 사명대사가 왜군으로부터 다시 찾아온 진신치아사리가 건봉사에 나누어 봉인되었다.

분단 이전까지만 해도 건봉사는 불자와 금강산 여행객들이 꼭 지나가는 공간이었다고 한다. 건봉사에서 조식 공양을 마친 뒤, 점심을 조제암에서 먹고, 저녁에 북고성에 위치한 유점사로 향하는 대표적인 '금강산 관광길'이다. 아쉽게도 지금의 금강산 가는 길은 건봉사에서 끝난다. 온전히 그 길을 걸어볼 수 있는 날, 우리는 다시 금강산으로 향할 것이다.

Episode

Finding Traces of Mt.Geumgang

선명한 취향

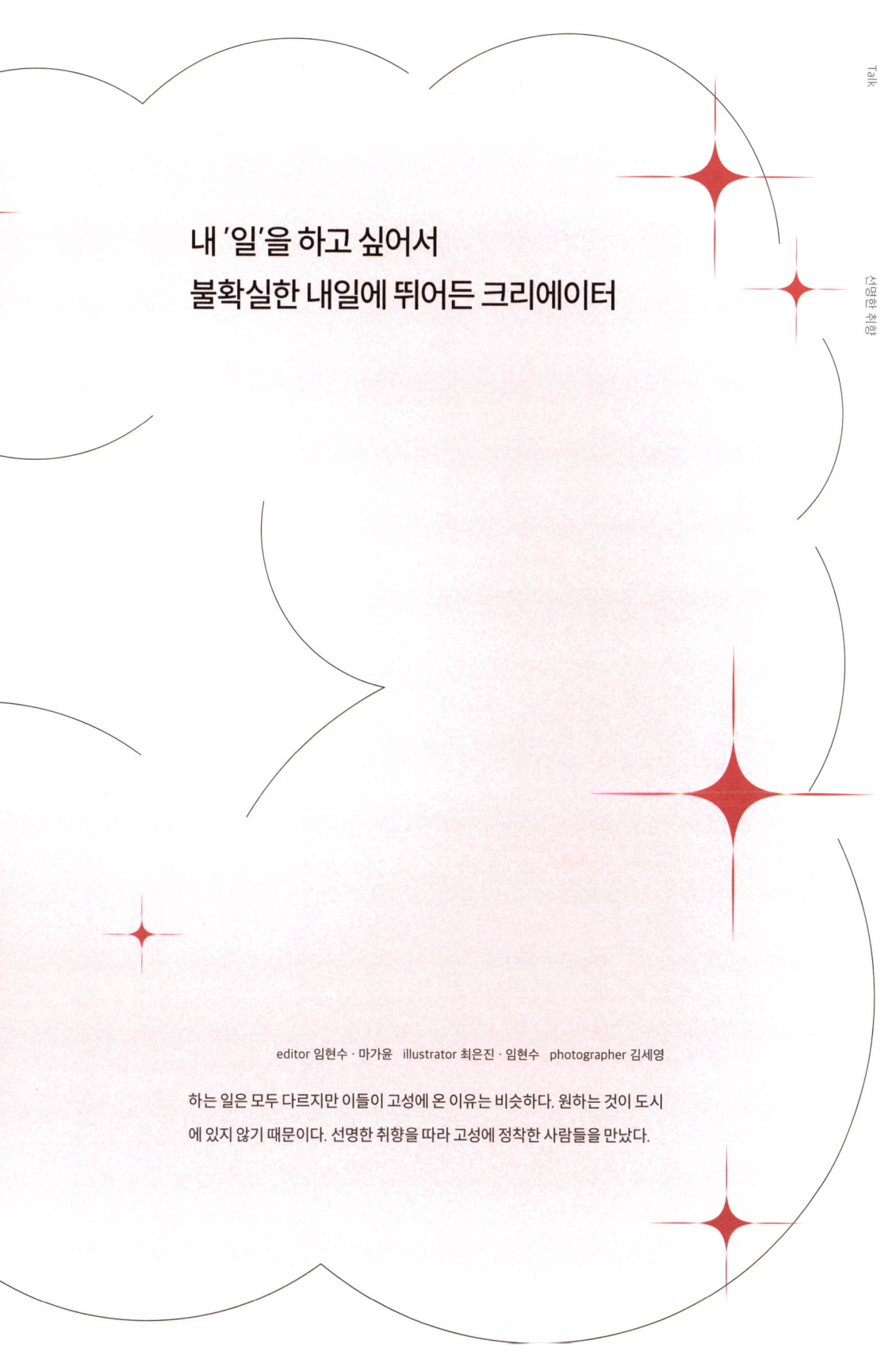

내 '일'을 하고 싶어서
불확실한 내일에 뛰어든 크리에이터

editor 임현수·마가윤　illustrator 최은진·임현수　photographer 김세영

하는 일은 모두 다르지만 이들이 고성에 온 이유는 비슷하다. 원하는 것이 도시에 있지 않기 때문이다. 선명한 취향을 따라 고성에 정착한 사람들을 만났다.

김현우 목수

어떻게 고성으로 오게 되었나요?

처음 고성에 오게 된 건 테일포터리*의 가구를 만들면서였어요. 가구를 만들면서 자주 왔다 갔다 했는데 문득 고성이 좋더라고요. 예전부터 막연하게 '시골에 작업실이 있으면 좋겠다.'라는 생각은 있었는데, 지인이 여기에서 먼저 살고 있었던 게 영향을 준 것 같아요. 좋은 것을 딱 하나 꼽기는 힘든 것 같아요. 여름에 바다 가서 가볍게 수영하고 올 수 있는 환경이 너무 좋죠.

고성의 풍경 사진을 많이 남기시던데, 사진이 정말 좋아요. 가장 기억에 남는 순간은 언제인가요?

영랑호에 가서 자주 산책을 하는데 산에 눈이 쌓여 있던 풍경이 기억에 남아요. 그런 풍경들을 우연히 발견하기가 훨씬 쉬운 것 같아요. 사진을 잘 찍는다기 보단 그런 풍경들이 거기 있으니까 저는 그걸 발견하는 거죠. 처음에 작업실을 구하러 다닐 때가 기억나요. 처음 문을 열고 창문을 봤던 순간. 그때는 겨울이라 나무들이 앙상했어요. 아래쪽에 갈대만 조금 있고. 그런데 그때 이곳의 봄이 기대되더라고요. 그때 그 순간에 봤던 장면, 저는 이 창문 때문에 여기에 있는 거예요.

* 테일포터리 : 곽용인 작가의 도예 작업실이자 브랜드. 아내와 함께 고성에 정착하여 <테일과 드레>라는 카페를 운영하고 있다.

* 제재목 : 원목에서 각재나 널판지로 잘라낸 목재.

일상과 고성이라는 지역은 어떻게 닿아 있나요?

고성에 오기 전부터 달항아리를 깎는 작업을 하고 싶었어요. 주변에서 구할 수 있는 제재목*만 가지고 엄지 손가락만 하게 깎았던 것이 시작이었죠. 속 나무가 어떻게 하면 덜 갈라질지를 예측하는 지식이 아예 없어서 처음에는 막연히 계속 깎았어요. 작년 겨울에는 너무 추워 땔감을 구하러 다녔는데 아는 분이 마당에 벌목 해놨던 나무들을 보고 '이거 너 가져가서 써라' 해서 가지고 왔던 적이 있어요. 그중에 제가 생각하던 콩나무가 있었어요. 한 번 잘라볼까 하고 단면을 봤더니 너무 멋있더라고요. 나이테 쪽에 자연스럽게 곰팡이가 생긴 것도 있고. 그런 세월의 흔적, 벌레 먹은 흔적들을 보고 깎아보자 했던 게 시초였어요. 고성에서 다양한 나무를 만날 수 있었기에 가능했죠.

고성에 와서 새롭게 찾은 취향이 있다면 소개해주세요!

원래 자연에 큰 관심은 없었어요. 그저 산이면 산, 이렇게만 봤다면 여기에 와서는 계절의 변화를 몸으로 느끼고 있어요. 논에 벼가 자라는 모습을 보는 것도 재밌고, '오늘은 머리가 꺾이기 시작했구나.'같은 생각이 드는 제 자신이 이상하기도 하고요. (웃음)

나무도 벗겨진 모습인 제재목으로만 분간할 수 있었는데 요즘에는 살아있는 나무를 보면서 "이거는 참나무, 저거는 감나무" 이런 식으로 분별이 되더라고요. 그게 보이는 것만으로도 새로워요.

제가 원래 새를 좋아했었는데 여기 와서 신기한 새를 많이 봤어요. 쌍안경을 들여다보면 꾀꼬리와 여러 새를 볼 수 있거든요. 예전에는 멀리서 자연을 그저 풍경으로 봤다면 고성에 온 이후로는 더 관찰할 수 있는 환경이 있어서 좋아요.

당신에게 고성은 어떤 장소인가요?

24시간이 어떻게 흘러가는지도 사실 잘 모르겠고, 그냥 해 뜨면 일어나고, 해 지면 이제 자야지. 이런 생활을 하게 되더라고요. 필요한 게 있으면 만들고, 가끔 쓸모없는 것들을 만들기도 해요. 일을 계속한다기 보단 느려도 꾸준하게 작업을 하는 거죠. 혼자 있어서 일을 더 많이 할 수 있는 것 같지는 않고, 오히려 좀 더 느려지는 것 같아요. (웃음) 게을러진다기보다 너무 급해지지 않는 거죠. 고성으로 인해 제가 조금씩 변하는 느낌이에요.

Talk

선명한 취향

블랭크스/고성삶

어떻게 고성으로 오게 되었나요?

고성삶(이하 고) : 결혼하기 전 가족 여행으로 화진포에 왔었어요. 그때 봤던 풍경이 너무 예뻤어요. 그 이후로 잊고 지내다 일에 회의감이 들던 시기에 남편이랑 같이 화진포에 다시 방문했었어요. 한참 캠핑을 다닐 때 '이런 데 와서 살면 좋겠다.' 생각도 하고, '나중에 은퇴하고 나이 먹으면 이런 데 와서 살면 좋겠다.'라 얘기하기도 했었는데, 저희가 생각보다 일을 금방 그만두게 되었죠. 처음에는 가평에 부모님이 하고 계시는 농사일을 도우러 갔었어요.

블랭크스(이하 블) : 당시 집사람은 계속 프리랜서 일을 하고 있었고요. 저는 모든 일이 끊겼으니까 농사 쪽으로 한 번 해볼까 하고 공부를 했었어요. 그런데 아무래도 거의 40년 가까이 도시 생활을 하다 보니까 귀촌이 녹록지 않구나, 어렵구나. 이런 걸 많이 깨달았어요. 제가 본업 이외에도 '간다 서프'라는 이름으로 2007년부터 서핑보드 브랜드를 시작했어요. 보드를 사는데 그때 당시에는 너무 비싸고 구매할 수 있는 길이 사실 많지는 않았어요. '그냥 조금 더 싸게 해볼 수 없을까' 해서 시작했죠. 그 연장선으로 생각하게 된 것 같아요. 바닷가에 있으면 왠지 조금 더 잘 되지 않을까 하고 고성을 다시 떠올렸던 것이죠.

일상과 고성이라는 지역은 어떻게 닿아 있나요?

고 : 고성삶이라는 일상툰의 이름에서 알 수 있듯이 등장인물이나 배경이 제 주변 생활에 다 펼쳐져 있어요. 심지어 피드백 중의 하나가 그거였어요. 혹시 군청에서 의뢰받아 그리시는 거냐고. (웃음) 그렇게 말씀하실만 한 게 다 여기에서 일어나는 일상 속 일들로 고성삶을 연재하다 보니까 고성이라는 지역에 영향을 굉장히 많이 받는 것 같아요.

블 : 서핑 관련해서도 이 동네는 좋은 편이에요. 처음에 들어왔을 때부터 굉장히 우호적이셨어요. 저희 말고도 다른 친구들이 먼저 정착한 탓에 동네 분위기가 좀 젊었거든요. 젊은 사람들이 유입되기 시작하고 여름 아닌 시기에도 사람들이 계속 오니까 긍정적으로 보셨나 봐요. 그래서 여름에 "우리가 뭔가를 하겠습니다."라고 말씀을 드리면 좋게 생각하시고 "웬만하면 다 해라. 대신에 어른들한테 폐 안 끼칠 정도로 잘해라."라고 말씀해 주시곤 해요.

고성에 와서 새롭게 찾은 취향이 있다면 소개해주세요!

블 : 기존에 하던 일에 더해 뭐가 됐든 한번 해볼까 하는 생각이 들어요. 새로운 것에 관한 공부를 계속하는 습관 같은 게 생겼어요. 커피도 어떻게 보면 그중에 하나인 거예요. 예전에는 그냥 사 먹고 말았다면 이제 원두를 계속 사서 먹어보고 '이게 맛있네, 저게 맛있네.' 하면서 만드는 방법도 드립을 했다가 모카포트를 써보기도 하고 나한테는 이게 잘 맞구나. 그러면서 지금의 커피 취향을 만든 것 같아요.

고 : 그렇네. 생각해 보니까. 서울에선 무슨 맛있는 식당이 생기면 찾아다니고 했었는데. 여기에선 '지금 뭐가 제철이래' 하며 식재료를 찾으러 다니는 일상이 자연스러운 것 같아요.

블 : 맞다. 여기 와서 바뀐 큰 변화가 있어요. 제가 원래 산을 싫어했어요. 바다에서 하는 활동을 많이 했으니까. 왜 힘들게 산에 올라가냐고. 근데 작년부터 산이 좋아졌어요. 산을 앞에 두고 계속 보니까 너무 아름답더라고요.

이곳에서의 삶을 지속하게 하는 원동력은 무엇인가요?

고 : 주거 환경이 확실히 더 나은 것도 있죠. 햇빛이 더 잘 들어오는 거. 바람이 이렇게 솔솔 부는 곳에서 누워 있을 수 있는 여유가 있죠. 그리고 주민분들이 정말 좋아요.

블 : 다른 지역은 배타적이거나 이런 게 되게 많잖아요. 텃세 같은 것도 있고. 근데 여기 이사 오고 나서는 못 느껴봤어요. 바닷가니까 사고가 가끔 나거든요. 무슨 일이 생기면 주민분들이 서핑 샵을 하는 저희 걱정을 먼저 해주세요. 한 번은 사고 난 다음 날에 할머니 한 분이 저희한테 오셔서는 "너네 집 괜찮냐"고 하시면서 바닷가에서 사고 났다는 거 듣고 괜찮은지 밤에 계속 창문에 서 계셨다는 거예요. 안 좋은 일이 생겼나 싶어서 걱정하셨던 거예요. 그런 경우가 처음이었어요. 서울에서는 옆집이 무슨 일을 하는지 잘 모르고 살았었는데, 이렇게 서로 걱정해주는 이웃 주민이 있다는 게 따뜻하죠.

쁘아송다브릴

어떻게 고성으로 오게 되었나요?

사진작가(이하 사) : 1년 친구로 지내다가 6개월 만에 결혼을 했어요. 근데 3개월은 심지어 이 친구가 유럽에 가 있었어요. 그림 그린다고. 그래서 3개월 만에 준비해서 결혼하고 3개월 뒤에 바로 파리로 간 거예요. 그게 총 9개월 정도밖에 안 걸렸어요. 그리고 파리에서 2년 정도 살다가, 계속 살 생각으로 비자 준비도 다 해놓고 있었는데, 갑자기 코로나가 터졌어요. 저는 원래도 사진을 찍던 사람이라 손님이 끊기고 두 달간 락다운 상태가 되어서 아무것도 할 수가 없었어요. 코로나가 안 끝날 것 같았어요. 오래 고민하다가 결국 한국에 다시 들어왔죠.

한국에 들어와서 서울 어머니 집에 잠깐 있었는데 서울에서는 정말 못 살겠더라고요. 그래서 국도 타고 강원도 쪽으로 한번 가보자고 했어요. 와이프 친구가 속초에 살고 있으니 놀러 갈 겸 해서요. 국도를 타고 속초에 가고 있는데 여기를 지나게 됐거든요. 그러다 문득 '여긴 어떨까'라는 마음으로 부동산도 돌아다녀 보고, '가게를 해볼까' 해서 할 만한 데 있냐 묻다 보니 여기에 오게 되었어요.

고성을 선택한 특별한 이유가 있을까요?

요리사(이하 요) : 약간 한가한 느낌. 그런 게 좋아서. 저는 뭐 사실 어디가 됐든 상관없어요. 중국에서도 오래 살았고 부산에서도 살았고, 제주도에서 살았고 이랬거든요. 그러니까 지역을 옮겨 다니는 것에 대한 두려움이 별로 없었던 반면에, 남편은 저랑 신혼생활 하면서 파리에 간 게 두 번째 해외여행이었던 거예요. 이사 한번 안 했고. 그렇지만 남편이 바다를 좋아하니 바닷가에 한 번 살아볼까 해서 오게 되었어요.

사 : 원래 반대가 없어요. 제가 하는 거에 있어서 늘 반대가 없고 '항상 잘 될 거야.' 이렇게 얘기하는 친구라서 고성에 왔을 때도 불안한 건 없었어요. 저는 원래 되게 부정적인 사람이거든요. 근데 '망해도 또다시 갈 데는 있으니까'라는 생각 때문에 온 거예요. 저희는 여기서 잘 되든 안 되든 한 번은 바닷가 근처에 사는 로망을 실현해보자는 마음이었어요. 언제든 가고 싶을 때 바닷가에 갈 수 있는 곳에서 살고 싶은 욕구가 있어서 오게 된 것 같아요. 파리에 갔을 때도 사실은 둘 다 불어를 아예 모르는 상태로 간 거였죠. 그냥 가서 좀 살아보자 해서 간 거라 이곳에 오는 것도 크게 다르지 않았던 것 같아요.

고성에 오기 전에도 같은 일을 했었나요?

요 : 아뇨, 원래는 디자인 전공을 했어요. 요리는 파리에서 같이 살았던 친구들 밥해주면서 같이 밥 먹고 나누는 게 즐겁고 행복하다는 걸 알게 되어 관심을 두게 되었죠.

사 : 저도 사진 전공이 아니에요. 디자인 전공이고 파리에서 사진을 찍기 시작한 거라. 한국에 와서도 할 줄 아는 건 사진이고, 와이프는 식당을 해보겠다 해서 "그러면 공간을 합쳐야겠다" 하고 쁘아송다브릴이라는 가게를 만들게 된 거죠.

다들 식당과 사진관을 같이 하는 걸 신기해하시는데 그냥 할 줄 아는 게 사진이고 요리라 시작하게 된거예요.

요 : 어쨌든 서울에서의 빡빡한 삶이 싫어서 여기에 왔던 건데, 서울이랑 똑같이 일하면 의미가 없다고 생각해요. 그래서 일이 끝나면 바닷가도 가고 집에서 쉬기도 하고 남편이랑 산책하곤 해요. 한국에서 처음엔 도저히 그렇게 못 살지는 거예요. 그래서 그냥 예약받아서 할 수 있을 만큼 하자 해서 예약제를 하게 되었어요.

이곳에서의 삶을 지속하게 하는 원동력은 무엇인가요?

사 : 자유로워요. 바다에 가고 싶으면 그냥 차에 있는 거 챙겨서 내리면 되죠.

요 : 맞아요. 저희가 하고 싶은 대로 할 수 있어요. 사실 그것 때문에 여기 살아요. 저희가 제일 행복할 때가 언제냐면 일 끝나고 속옷만 입고 수영했을 때거든요. 처음으로 고성에 온 지 얼마 안 됐을 때 산책로를 따라서 걷다가 한적한 바닷가를 발견했는데 와이프가 "들어가서 수영할래" 이러는 거예요. 그냥 속옷만 입고 수영했죠. 그런 게 가능해요. 그리고 남의 시선에 신경을 좀 덜 쓰게 되는 것 같아요. 어르신들이 아무리 관심 많아도 저희한테 쟤네 뭐 입었어. 쟤네 차 뭐야. 이런 얘기 안 하잖아요. 그런 게 없으니까 그냥 하고 싶은 대로 하고 다니죠. 약간 좀 더 촌스러워지는 것 같기는 한데.(웃음) 저희가 서울 느낌은 아니거든요. 그런 게 너무 좋아요.

고성에 와서 새롭게 찾은 취향이 있다면 소개해주세요!

사 : 고성에 살기 전에는 약간 두루뭉술하게 사는 게 좋다고 생각했어요. 남들 하는 건 다 따라가야 되다 보니 유행을 따라가기 급급하기도 했고요. 그런데 여기서는 제가 뭘 좋아하는지 훨씬 더 여유롭게 느낄 수 있는 것 같아요. 둘이서 차를 자주 마셔요. 와이프는 원래 차를 워낙 좋아하긴 했는데. 저는 원래 커피파거든요. 그리고 술을 끊었어요. 술 없이 어떻게 놀지 했었는데 여유가 생기니까 술 말고 둘이 차 마시는 게 더 좋더라고요.

같이 하는 취미는 스노클링이에요. 여기에 오고 나서 와이프도 물을 덜 무서워하게 됐어요. 너무 재밌는 거예요. 저는 바다를 진짜 좋아하거든요. 스노클링하면서 바닷속을 보면 정말 예쁘고 재밌어요. 또 자연과 가까이 지내니까 이전보다 더 환경에 관심을 갖게 되기도 해요.

좋은 변화죠. 왜냐하면 저는 환경에 대해 관심이 사실 없었거든요. 조금씩 알고 나니 환경이 망가지는 게 정말 와닿는달까. 저도 모르게 친구들과 다 같이 놀다가 담배 피우고 꽁초 버리면, 제가 줍거나 하는 변화들이 점점 생기더라고요.

요 : 한 번은 눈이 정말 많이 와서 저희가 출근을 못 했어요. 기후 변화가 여기서도 너무 느껴지는 거예요. 그리고 바닷가에서 떠내려오는 쓰레기들을 눈앞에서 보면 중국에서 온 것도 있더라고요. 북한 거라든지 중국 거라든지. 이런 걸 보면 더 경각심을 갖고 살아야 되는구나라는 생각도 하고, 좀 더 신경 쓰면서 살고 있는 것 같아요.

Talk

취향을 찾아 온 고성에서
이들의 취향은 더욱 선명해지고 있다.

김현우의 선명한 취향

블랭크스의 선명한 취향

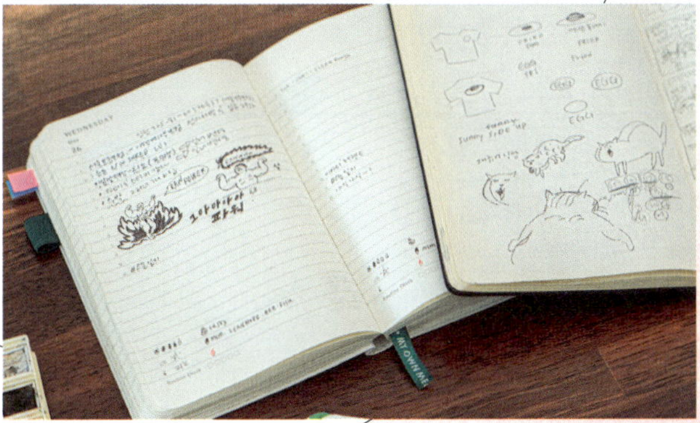

Talk 선명한 취향

고성삶의 선명한 취향

빠아숑단브릴의 선명한 취향

119

Life Style

Last Village, Myeongpa-ri

끝마을 명파리

모든 끝은 의미를 갖는다. 우리나라 남쪽 끝은 마라도, 동쪽 끝은 독도를 쉽게 떠올릴 수 있듯이 무엇인가의 '끝'이란 대개 쉽게 기억되고 기념된다. 하지만 아쉽게도 북쪽 끝이 어디인지를 아는 이는 드물다.

남과 북으로 분단되기 전까지만 해도 평범한 농촌 마을이었을 명파리는 한국전쟁이 끝나고 '최북단'이라는 수식어를 얻었다.

editor · photographer 유다연
illustrator 최은진

1	마을

1-1	금강산 슈퍼
1-2	명파식당
1-3	평양면옥
1-4	태양가든

2	버스정류장
3	명파초등학교
4	명파해수욕장
5	명파천
6	통일전망대

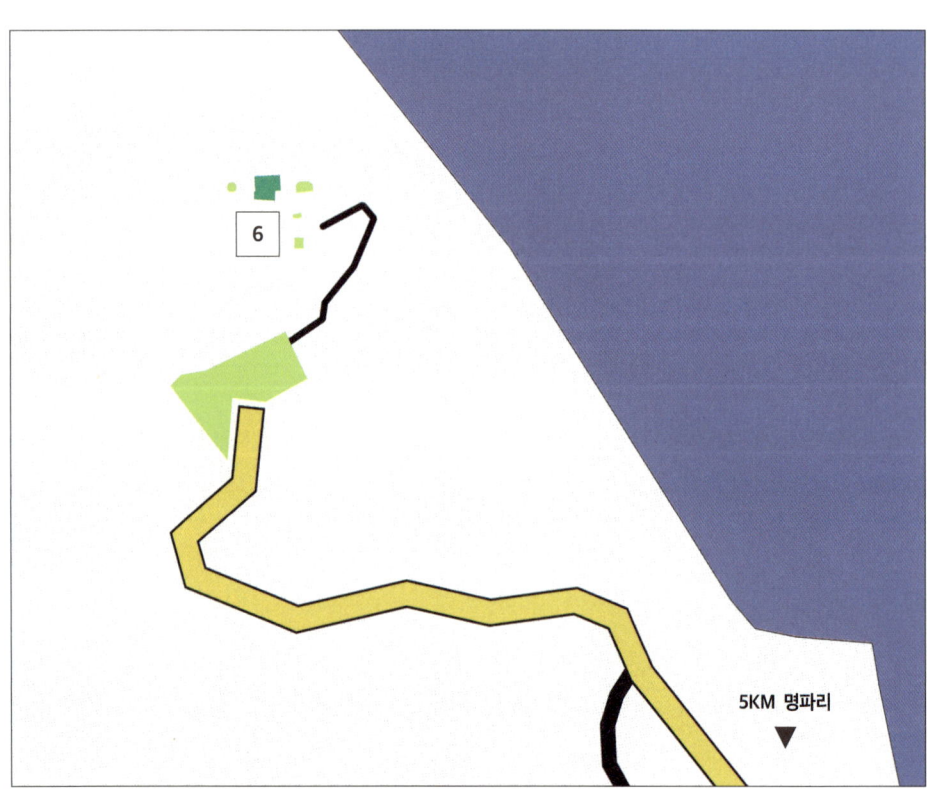

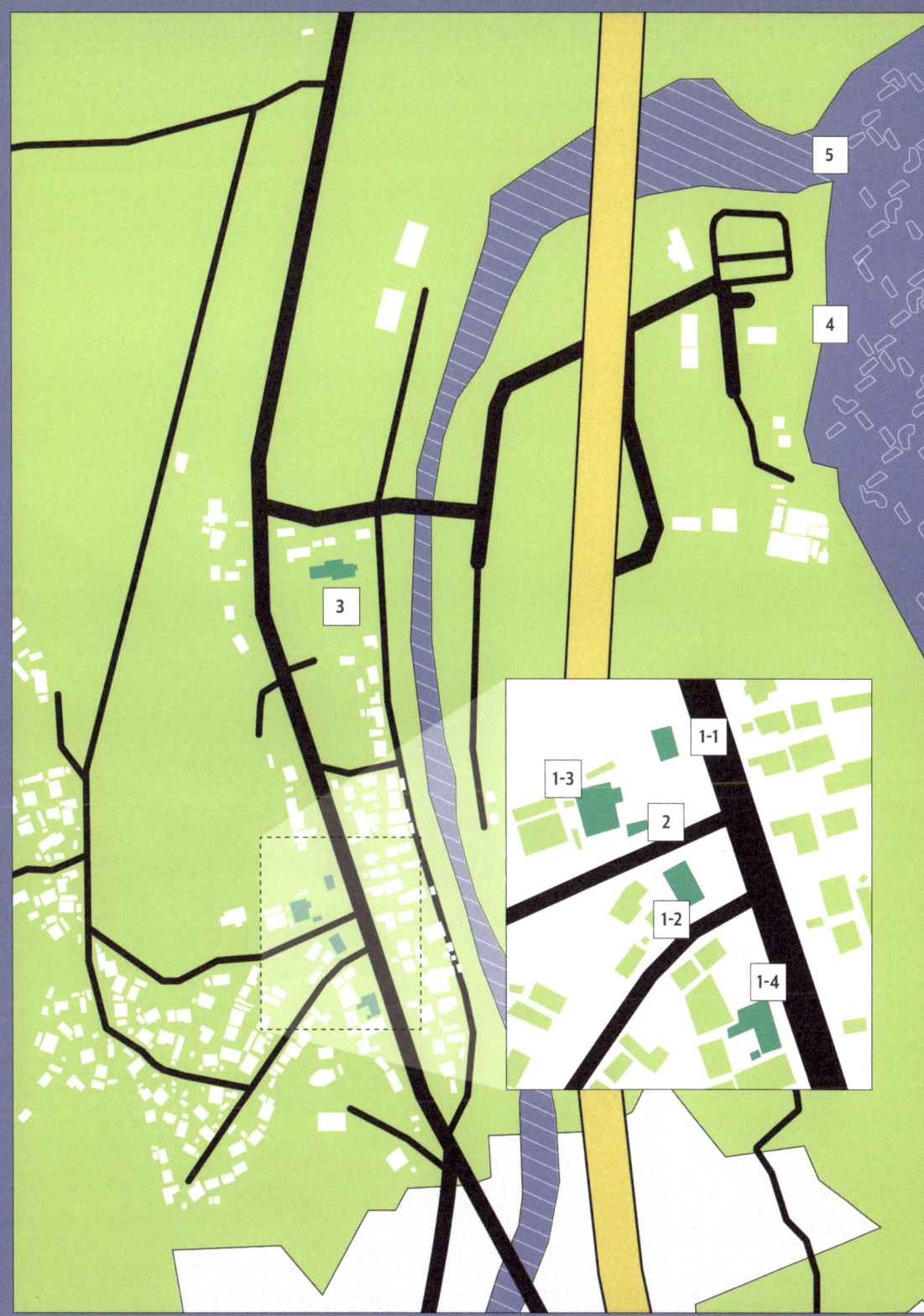

마을

명파리 1 는 대한민국 최북단에 위치한 고성군, 그중에서도 가장 끝에 자리한 현내면에 있다. 국내 최북단 법정리는 대강리로 알려져 있지만, 민간인이 자유롭게 입장할 수 있는 가장 최북단의 마을은 '명파리'이다. 동해의 맑은 물과 백사장을 끼고 있어 '명파(明波)'라 이름 붙은 이곳은 아름다운 경관뿐만 아니라 비옥한 토양을 가지고 있다. 주민 대부분은 농사를 지으며 생계를 이어가는데, 그들은 민통선 안에 있는 논과 마을을 오가며 농사를 짓는다. 6월 21일에 방문한 명파리 마을은 여느 한적한 시골마을처럼 보였다. 특이한 장면이 있다면 파랗고 커다란 간판이 있다는 점일 것이다. 길가를 따라 금강산 슈퍼 1-1, 명파식당 1-2, 평양면옥 1-3 등 낡은 간판이 줄지어 서 있다. 2003년 금강산 육로 관광이 가능해지면서 호황기를 맞았던 명파리는 금강산 관광의 길목 역할을 하며 한때 연 34만명의 관광객이 찾아왔다고 한다. 2008년 금강산 관광이 중단되었고 마을의 풍경도 그때에 멈추어 있다.

1층에는 식당이 2층에는 민박집이 있던 태양가든 1-4 건물에서도 시간의 흐름이 고스란히 느껴진다. 콘크리트 틈에서는 풀이 무성하게 자라나고, 주차장으로 쓰이던 공터는 농기구가 차지했다. '어서오세요'라고 크게 외치는 듯한 간판이 무색하게 한산한 분위기가 거리를 휘감고 있다.

그럼에도 일상은 이어진다. 마을 사람들이 트랙터를 타고 우리 앞을 지나간다. 이들을 따라 걸으니 보이지 않던 삶의 흔적이 나타난다. 펼쳐진 푸른 논과 밭, 그리고 그 뒤로 보이는 빨강, 파랑, 색색의 지붕들. 다른 가게는 사라졌어도 '금강산 슈퍼'가 여전히 운영 중인 것을 보면 마을의 일상이 소소하게나마 이어지고 있음은 확실하다.

Life style

꿈마을 명파리

버스정류장

고성군 마을버스 102, 103, 104번의 종착역인 명파리 정류장은 대한민국 최북단 버스정류장[2]이다. 최북단 버스정류장이라는 거창한 수식어와는 다르게 명파리 정류장은 소박하고 정감 어린 모습이다. 버스 시간표에 적힌 배차 간격은 약 1시간 30분 정도였다. 포스터에는 운전기사 부족으로 평일에도 휴일 시간표로 운행한다는 문구가 적혀있었다. 지방 소멸이라는 단어가 최북단에까지 드리우고 있음을 느낄 수 있었다.

명파초등학교

명파리에는 최북단 초등학교인 명파초등학교 3 가 있다. 금강산 관광이 활발하던 2007년에는 현대아산의 초청으로 전교생이 금강산 체험학습을 떠나기도 했다. 현재는 학생 수가 많이 줄어들어 2019년부터 '대진초등학교 명파분교장' 으로 이름이 변경되었다.

접경지역 외부의 아이들에게 '분단'의 역사는 교과서의 한 페이지에 불과한 경우가 많다. 하지만 이곳의 아이들은 조금 더 가까이 느낀다. 2014년에는 명파초등학교 인근에서 군 병력과 GOP의 탈영병이 대치하기도 했으니 말이다.

해수욕장

명파해수욕장 [4]은 동해안에서 가장 북쪽에 위치한 해변이다. 군사분계선에서 10km 거리에 있어 한때는 1년에 1개월 정도만 개방하고 출입을 통제하기도 하였다. 하지만 2021년 130m가량의 철책이 제거되면서 언제나 해변에 갈 수 있게 되었다. 500m에 걸쳐 펼쳐진 고운 백사장 바로 뒤쪽에는 명파 오토캠핑장이 있는데, 한적하고 아담한 분위기를 좋아하는 캠핑인들에게 사랑받는 장소이다. 이른 아침 안개 너머로 보이는 해안가의 경관이 아름답다.

명파해변에는 '최북단'의 수식어가 붙은 또 다른 장소가 있다. 바로 국내 최북단 호텔이자 세계에서 두 번째로 접경지역에 설치된 예술 호텔인 '명파 아트호텔'이다. 기존에 있던 명파 비치하우스를 리모델링해 만든 곳으로 8명의 작가가 참여해 8개의 객실이 탄생했다고 한다. 호텔의 하얀 외관이 명파해변의 맑고 푸른 바다와 잘 어울리는 듯하다. 캠핑이 아닌 실내 숙박을 원하는 여행자라면 아트호텔을 이용해 보자.

연어

명파해변은 캠핑인들에게 사랑받는 장소이기도 하지만 동시에 낚시인들에게 사랑받는 명소이다. 명파해변 한쪽으로는 민물 하천인 '명파천' **5** 이 흐르는데 9~11월이 되면 연어와 은어가 산란을 위해 이곳을 찾는다. 우리나라 연어 회귀천으로는 북부 동해안의 남대천, 연곡천, 주수천, 왕피천, 명파천 등이 있는데, 명파천은 그중 가장 북쪽에 위치한다.

명파천과 바다가 만나는 경계는 철조망으로 가로막힌 모습이다. 철조망 안쪽으로 무성하게 자란 풀과 굵은 나무들은 단절된 채로 오랜 시간이 지났음을 증명하는 것 같다. 연어는 통과하지만, 사람은 지날 수 없는 선이라니. 마치 남과 북을 가로지르는 군사분계선과 같다. 연어가 바다에서 민물로 회귀해 고향에 돌아오듯 우리가 철책선을 넘어 남과 북을 자유롭게 오가는 그날을 상상해본다.

통일전망대

끝마을 명파리를 지나는 7번 국도, 그 끝에는 고성 통일전망대 6 가 있다. 북위 38도 북쪽 88km 지점에 위치한 최북단 전망대이다. 해발 70m 고지의 통일전망타워에선 멀게만 느껴지던 금강산 자락이 눈앞에 펼쳐진다. 금강산의 마지막 봉우리인 구선봉과 바다의 금강산이라 불리는 해금강이 아름답다. 인간의 흔적이라고는 금강산을 향해 놓인 도로와 동해북부선 철도뿐이 없는 특별한 풍경이다.

Life style | 끝마을 명파리

Food

Makguksu Chat

editor 마가윤 · 유다연   illustrator 최은진   photographer 윤승용 · 유다연

고성 막국수다

Food

뜨거운 여름, 땀은 줄줄 나고 막국수를 기다리는 사람들은 많다. 기윤과 다연은 긴 줄을 기다리며, 수다를 떨기 시작했다. 시원한 국물과 갈색빛의 면발을 떠올리며 나섰던 이란자란 이야기들. 막국수 맛을 따라 국수다가 이어졌다.

막국수

가윤
막국수가 왜 막국수인지 알아? 사실 '막'의 뜻에 대해서는 정확한 기록이 없기 때문에, 많은 추측이 있어. 메밀을 '막' 갈아서 만든 국수, 격식 없이 '막' 먹는 국수, 지금 '막' 만든 국수 등등. 어떤 것이 진실인지는 모르지만 뭐, 이것도 하나의 재미지!

다연
'거칠다'는 의미의 '막'도 있어. 막국수의 막은 거친 메밀의 특징에서 왔다고 볼 수도 있지 않을까? 정리하면 거칠게 갈아서 만든 면을 거칠게 비벼 먹는 음식 정도로 정의내릴 수 있겠어! 이렇게 보니 '막'이라는 한 글자가 음식의 특징을 잘 담아내고 있는 거 같아.

강원도 5대 막국수

가윤
강원도 5대 막국수, 들어봤어? 인제의 남북면옥, 양양의 영광정 메밀국수, 춘천의 유포리막국수, 홍천의 장원막국수, 평창의 고향막국수. 이 다섯 곳이 강원도의 5대 막국수로 손꼽힌다고 해.

다연
춘천 막국수는 먹어본 기억이 있어! 춘천은 닭갈비도 유명하잖아. 고등학생 때 친구들이랑 춘천에 갔었는데, 닭갈비랑 막국수를 함께 파는 곳이 많았던 것 같아. 막국수는 춘천만 유명한 줄 알았는데, 강원도 전체가 막국수 맛집이었구나.

고성 막국수

가윤
강원도 5대 막국수에 들지는 못했지만, 고성도 막국수로는 빠질 수 없는 지역이야. 고성에는 오래 줄을 서서 먹는 막국수 집도 있고, 막국수 투어를 다니는 사람들도 있다고 해. 운영시간이 짧거나 쉬는 날인 경우도 종종 있으니 잘 확인하고 방문해야 하지.

다연
찾아보니 고성 막국수는 메밀의 함량이 높은 게 특징이라고 하더라고. 다른 지역의 막국수보다 더 건강한 맛이 나지 않을까? 그런데 막국수 투어라니, 나도 한 번 가보고 싶어! 나는 메밀 좋아하거든! 기회가 된다면 고성에 들러 막국수 투어를 해봐야겠어.

고성 막국수다

물막비막

가윤
나는 무조건 물냉만 먹어. 막국수도 당연히 물막국수지! 시원한 국물을 마시려고 막국수를 먹는 거 아니겠어? 땀이 뻘뻘 나는 더운 여름에 막국수 국물을 벌컥벌컥 마시는 상상을 해봐. 머리부터 발끝까지 시원해지지 않아?

다연
나도 물냉파지만 막국수는 비빔에 한 표! 메밀은 매콤한 양념에 비벼 먹는 게 더 잘 어울리지 않아? 근데 식당에 간다면 물막국수 먹는 친구와 같이 가고 싶어. 비빔막국수에 물막국수 국물을 세 숟가락 정도 끼얹어 먹으면 더 맛있을 거 같거든 하하!

곁들여먹는 반찬

가윤
막국수와 가장 궁합이 좋은 반찬은 열무김치라고 생각해. 그런데 열무김치도 지역마다 조금씩 다르더라? 국물이 많이 빨갛지 않은 것도 있고, 물김치 스타일도 있더라고! 특징이 각각 다르긴 하지만, 모두 막국수와 궁합이 좋지! 막국수가 약간 심심하다고 느껴진다면, 열무김치를 곁들여 먹어봐!

다연
백김치는 어때? 백김치의 감칠맛이 막국수의 매콤함과 잘 어울릴 것 같아! 아삭한 식감도 궁합이 좋지. 개인적인 취향으로는 막국수에 빨간 양념이 들어가니까 곁들일 반찬은 오히려 고춧가루 양념보다는 삼삼한 맛이 더 좋은 것 같아.

사이드메뉴

가윤
전, 메밀전병, 수육, 만두까지! 막국수와 잘 어울리는 사이드 메뉴는 정말 다양해. 나는 그중에서도 전을 가장 좋아해. 어릴 때 막국수를 먹으러 가면 감자전을 시켜서 함께 먹었거든.

다연
보쌈이랑 식혜가 생각나. 처음 막국수를 먹었던 기억을 떠올려보니 보쌈과 함께였던 것 같거든. 어릴 때의 향수랄까? 그리고 매콤새콤한 막국수에 보쌈과 달달한 식혜까지 곁들이면 최고지!

계절

가윤
막국수는 여름 음식일까? 사시사철 언제 먹어도 맛있지만, 사실 막국수는 겨울 음식이었다고 해. 메밀 반죽으로 면을 뽑고 동치미 국물을 부어 먹었던 막국수는 먹을 것이 귀했던 겨울날에 먹는 음식이었다고 하던데?

다연
오, 겨울에 먹는 막국수는 또 다른 별미겠어! 지금은 냉장고가 있어서 여름에도 살얼음이 동동 떠 있는 동치미 국물을 맛볼 수 있지만, 냉장고가 없던 시절이라면 오히려 겨울이 제철이 아니었을까 싶어.

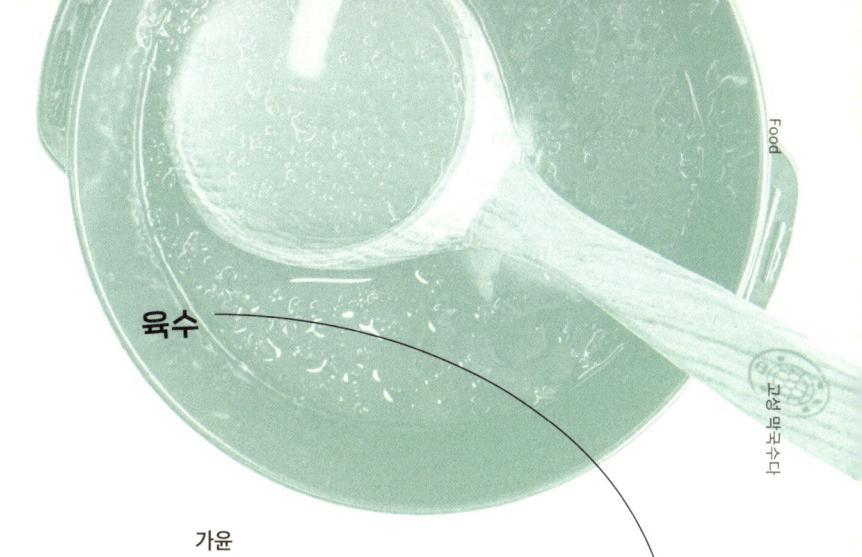

육수

가윤
멸치 육수, 닭고기 육수, 쇠고기 육수, 동치미 육수까지! 막국수는 육수도 다양해. 내 입맛엔 동치미 육수가 딱이더라고. 메밀면이 텁텁하게 느껴질 수 있는데, 동치미 육수와 어우러지면 깔끔하게 느껴지거든. 고성 막국수는 동치미 육수가 따로 나오는 것이 특징이라고 해.

다연
여름에는 깔끔한 맛의 동치미 육수, 겨울에는 깊은 맛의 멸치 육수가 어울릴 것 같다는 생각이 들어. 또 만약 양념이 새콤한 편이라면 닭고기 육수도 잘 어울릴 것 같아. 담백한 닭고기 육수와 새콤한 양념이 어우러지면 더 감칠맛 나는 막국수가 되지 않을까? 입맛을 돋우는 조합인 거지!

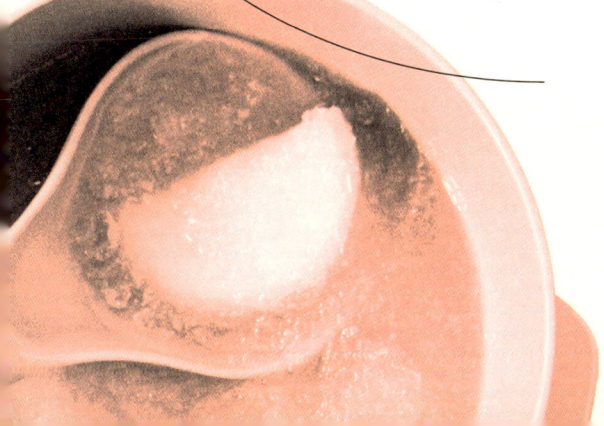

백도
삼교리
동치미막국수

드디어 우리 차례다.
고성 막국수는 왜 강원도 5대 막국수에 들지 못했을까?
우린 고성에서 막국수 맛집이라고 불리는 세 곳에서
막국수를 깊이 음미하고 분석해 보기로 했다.

고성이 강원도 6대 막국수가 되길 바라면서!

3대전통막국수전문점
화진포박포수가든
www.parkposu.com

화진포박포수가든

강원 고성군 현내면 화진포서길 76

육수 : 동치미
기본 찬 : 열무김치, 양배추김치
별첨 양념 : 식초, 겨자, 설탕, 들기름

화진포박포수가든은 물막국수와 비빔막국수의 구분이 없다. 대신 다양한 양념이 별도로 제공되어 입맛에 따라 조절이 가능하다. 양념장 위에 동치미 육수만 부어도 얼추 간이 맞는다. 하지만 어디까지나 간이 맞을 뿐이지 맛이 심심한 건 참을 수 없기에 벽에 적힌 순서대로 양념을 추가해본다. 설탕 2스푼, 들기름 1.5스푼, 그리고 새콤함을 더해주는 식초 2스푼까지! 다다익선. 양념의 종류는 많을수록 좋다는 뜻 아닐까? 삼삼하던 육수에 새콤한 맛이 더해져 더욱 감칠맛 나는 막국수가 탄생한다. 담백하게 무친 열무김치와도 무척이나 잘 어울리는 맛이다.

다연의 레시피

다다익선 (多多益善)

동치미 2.5 국자

식초 2 Ts

겨자 0.5 Ts

설탕 2 Ts

들기름 1.5 Ts

백도막국수

강원 고성군 죽왕면 문암항길 51

육수 : 동치미
기본찬 : 열무김치, 백김치, 명태무말랭이무침
별첨양념 : 식초, 겨자, 설탕, 들기름

강원도 막국수가 심심하다고만 생각했다면 오산! 상큼한 동치미 국물에 들기름을 넉넉히 부어주니 감칠맛이 폭발한다. 또한 김 속에 파묻혀 잘 보이지 않는 장아찌 고명이 짭짤하게 간을 잡아줘 심심하단 생각은 들지 않는다. 그리고, 고성의 다른 막국수들 보다는 면이 얇지만 잘 끊어지지 않는다! 고성에서 쉽사리 할 수 없었던 면치기가 가능했다. 도시의 자극적인 맛에 길들여진 사람이라면 식초를 과감하게 투하해보자. 마치 고소한 냉면을 먹는 기분! 마지막으로 밑반찬으로 나오는 새빨간 명태무말랭이무침이 너무 맛있었다.

가윤의 레시피

꼬소함을 즐기는 들기름 애호가

동치미 3 국자

식초 0.5 Ts

들기름 2 Ts

동루골막국수

강원 고성군 토성면 성대로 188

육수 : 동치미

기본 찬 : 백김치, 무절임

별첨 양념 : 다진양념, 비빔장, 식초, 겨자, 설탕, 들기름

고성의 다른 유명 막국수집이 바닷가에 위치한 것과 달리 동루골막국수는 미시령 가는 길에 있다. 산골마을 이름을 가진 막국수집 답게 외관부터 고수의 향기가 풍긴다. 물이냐 비빔이냐 할 필요없이 단일메뉴로 구성된 자신감! 둥글게 말린 순수메밀면에 빨간 양념이 올려져 있다. 이제부터 물인지 비빔인지는 스스로 선택할 수밖에 없다. 선택이 어렵다면 동치미를 1국자 가득 넣어서 중간 정도로 먹어보자. 동루골막국수는 야외테이블이 있어서 반려동물과 함께 오기도 편하다. 해변 쪽에 2호점도 있으니 일정에 따라 선택해보자.

다연과 가윤이 함께한 레시피

취향껏 만들어본 막국수

동치미 2 국자

다진양념 0.5 Ts / 비빔장 1 Ts

식초 1 Ts / 겨자 0.5 Ts

설탕 1 Ts / 들기름 1 Ts

writer 조눈실 illustrator 최은진

#지도서프 #그랜드오픈

전방 2km 앞 마지막 휴게소입니다.

쉬지 않고 목적지까지 갈지 고민하다가 자동차 충전도 할 겸 잠시 정차하기로 정했다. 좌회전 깜빡이를 켜고 사이드 미러를 확인했는데 이제 내 뒤로 자동차도 많이 보이지 않았다. 확실히 위로 올라갈수록 도로에서 앞차와 뒤차의 간격이 헐렁해졌다. 내가 이곳에 다시 오게 된 이유 중 하나가 이런 간격이 있는 삶을 원해서 이기도 하다.

자동차 완충까지 걸리는 시간은 30분. 좌석 등받이를 뒤로 젖히고 무의식적으로 인스타그램에서 에메랄드 투어를 검색했다. 가장 최근에 업로드 된 게시글에 익숙한 이성진 팀장 얼굴이 있었다. 회사에서 직원들에게 능글맞은 웃음을 지으며 친한 척을 하고 있을 모습이 뻔히 그려졌다. 그리고 이전 게시물들 사이 눈에 들어 온 내 증명사진. 승무원들이 가장 많이 간다고 소문 난 홍대 근처 스카이 스튜디오에서 20대 후반에 찍은 사진이었다. 하늘색 배경에 검은색 재킷을 입고 사람 좋은 미소를 하고 있는 나. 그 밑에는 정직한 사진과 어울리지 않는 발랄한 글이 적혀있었다.

**우리의 투어 메이트가 되어줄 파워 막내 지 사원!
지 사원이 추천하는 여행지는 어디 일까요?** ✈

에메랄드 투어는 동남아 여행 서비스를 제공하는 스타트업 회사였다. 그곳에서 3년 7개월 동안 여행서비스를 제공하는 일을 담당했는데 작년부터 푸꾸옥, 푸껫, 보라카이 등 동남아를 대표하는 휴양지들이 환경보호를 목적으로 관광객 입국을 일시적으로 금지하면서 대형 여행사도 휘청거리게 되었고 이 작은 회사도 자연스럽게 예약 건수가 급감했다. 그리고 얼마 지나지 않아 *한국의 아름다운 곳을 찾아서!* 라는 슬로건을 내세우며 국내 여행지를 소개하기 시작했다. 그야말로 소멸과 재생의 시대에 걸맞은 태세전환이었다.

뭐가 이렇게 아무렇지 않다는 듯 확확 바뀌는지. 아마 이때부터였지 싶다. 우연히 알게 된 어느 프로젝트 참여 공고에 미끄러지듯 마음이 끌린 것도. 그리고 그 공고문에 적힌 우리 지역 이라는 단어가 그날따라 유독 보송보송하게 눈에 들어온 것도.

고성군이 주관하는 우리 지역 살리기 프로젝트인 [RE;GOSEONG]은 REVIVE, REFRESH, REMIND 라는 테마로 구성되었다. 경력도 나이도 상관없었다. 가장 중요한 요점은 이 세 가지였다.

- ✓ 지속 가능한가
- ✓ 청정지역 고성의 정취와 어울리는가
- ✓ 단, 고성 주민이거나 10년 이상 고성에서 거주한 사람만 지원 가능

지금 와서 생각해보면 이 프로젝트는 무의식적인 도전이었지만 합격한 덕분에 퇴사 결정도 수월해졌고, 다시 오고 싶었던 고향에 올 수 있게 되었으니 다행인거겠지. 분명 그런 거겠지. 그래 맞아. 잘한 일이야. 불안한 마음이 들 때마다 운전석 옆에 둔 유자차를 마셨다. 두 시간이나 지났는데 아직 온기가 남아 있는 것 보니 기능성이 좋은 텀블러인가보다. 이제 서핑 숍까지 대략 25분. 북쪽으로 이어지는 7번 국도를 따라 가면 돼서 내비를 끄고 라디오를 틀었다.

"… 그러니까요. 계절 연금 노래. 봄이랑 겨울에 한 곡씩 있는데 말이죠. 그럼 청취자들도 예상하고 있을 그 두 곡 먼저 듣고 오겠습니다."

곧이어 너무나도 익숙한 노래인 박효신의 〈눈의 꽃〉 전주가 흘러나왔다. 이 노래를 들으면 언제나 그랬듯 이 가장 돌아가고 싶었던 그날이 슬로 모션처럼 떠올랐다. 그게 벌써 17년 전인가.

2005년 가을, 그 당시 고등학교 2학년이었던 나와 친구들은 조금만 추워질 것 같으면 브라운 색상의 털 부츠를 신고 다녔다. 그렇다고 해서 〈미안하다 사랑한다〉의 송은채가 되는 것도 아닌데 시내를 갈 때는 꼭 그 신발을 신고 웰-빙 토스트집으로 향했다. 빵을 감싸던 연두색 포장지가 항상 축축했던 기억이 난다. 그곳에서 다섯 개의 별을 모티브로 한 아이돌에 대해 쉴 새 없이 이야기하며 방과 후를 보냈는데, 그 시간들 때문에 우리 반 학급 평균이 낮아졌다는 농담들을 했다. 좋아하는 노래를 다운받아 mp3에 넣어서 듣고 버디버디로 온 종일 친구들과 채팅으로 떠들었던 그때, 우리는 고성의 작은 동네에서 살고 있었다.

모은(ㄹ2동방 사랑해 ㄹ2) 님이 접속 했습니다.
자은(펄레드는 우리 거-♬) 님이 접속 했습니다.
주택(어른이되는 과정일뿐이다♯) 님이 접속 했습니다.

"좋아. 다 들어왔고"

도연(아이엠ㄱ1도링) 님이 채팅방을 열었습니다.

도연 : 오늘 몇 시라고?

모은 : 공연은 저녁 7시 시작! 나랑 자은이는 아침 9시에 거긴 근처에 있을 테니까 너네는 천천히 와.

도연 : ??? 그렇게 빨리 가?

모은 : 혹시 몰라. 지방에서 하니까 다른 파 들이 미리 와서 줄 서있을 수도 있어. 팬 카페 들어가서 확인해 보니까 수원에서 활동하는 항기파는 어제 밤에 올라왔다는 얘기도 있었음. 간성 터미널 근처에 사람 장난 아니게 많았대. 다 동방 팬 일듯.

자은 : 얘들아 나 너무 떨려!!!! 우리 오늘 무사히 잘 볼 수 있겠지? 꼭 앉아서 봐야하는데.

모은 : 오늘 우리는 무조건 앞자리를 사수한다.

주택 : 그럼 우리 어디서 만나?

모은 : 일단 명태 제일 타운 오면 문자 해.

도연 : ㅇㅋ

고성명태축제.

우리 지역의 시그니처다. 10월 달, 축제의 시즌이 시작되면 거진항 일대는 사람냄새와 명태냄새가 뒤섞였다. 심지어 명태의 거리에는 명태가 주렁주렁 매달린 채 길게 줄지어져 있어서 그 밑으로 걸어 다니면 하늘은 거의 보이지 않는데다가 명태의 짠 내로 뒤덮였다.

15살 때 할머니랑 아빠와 함께 대롱대롱 달린 명태 터널을 걷는 중에 명태랑 황태 동태는 다 태자 돌림으로 같은 애들인지 물어봤다가 여적 그것도 몰랐냐면서 할머니에게 등짝을 맞은 이후로 멀어졌다. 하여튼 우리 할머니는 말투도 세고 손도 맵다. 그리고 3년 만에 다시 이곳에 온 것이다. 그들이 온다는 소식에.

오늘은 다행히도 명태를 장식해 놓은 대신 길가에 노란색 천막을 치고 시식코너를 운영하고 있었고 건너편 모래사장에선 초대형 풀장을 설치한 다음 *명태와 함께 행운을 낚으세요.* 라는 현수막과 함께 명태 잡이가 한창이었다. 요리보고 저리 봐도 음음 알 수 없는 둘리처럼 어딘가 통일성이 없어 보이지만 이게 바로 우리 축제의 모습이다. 화려한 도시에서 하는 *티처럼 해봐라 TTL Ting!* 팅 콘서트를 갈망하면서도 지역축제로 만족할 수밖에 없던 그날, 내 눈 앞에 나타난 자은이와 모은이는 팔딱팔딱 거리는 명태들보다 활기차 보였다.

"자음과 모음!"

송자은과 이모은. 이름이 비슷해서 두 명을 묶어서 부를 때는 자음과 모음이라고 불렀다. 몽키 캐릭터 얼굴이 그려진 라운드 티셔츠와 초록색 점퍼를 입고 7부 레깅스에 털 부츠를 신고 있는 모은이와 도서관에서 공부하다 나온 것 같은 회색 체육복 바지에 청록색과 핫핑크가 반반씩 섞인 모자를 쓰고 있는 자은이의 모습은 그야말로 『쎄씨』 10월호 워스트 오브 워스트 스트릿 패션으로 나올 만 했다.

내 부름에 먹던 어묵도 내려놓고 인사 대신 플랜카드를 흔들던 둘의 모습은 그야말로 꿈과 희망이 가득한 세계에 온 듯한 표정인데다가 검은색 바탕에 형광 연두색 글자가 새겨진 플랜카드에 아크릴 비닐은 얼마나 세심하게 붙였는지 기포 하나 없이 깔끔했다. 그 닉네임이 촌스러워서 살짝 당황스러웠지만 다들 그런 거 하나씩 들고 다니길래 진짜 덕후의 세계란 이런 것이구나 라고 생각했지.

자은 `심봤다 창민아`
모은 `밥보다 준수`

"줄 서고 있는 다며 왜 여기서 어묵을 먹고 있는 거야."

"3시부터 줄 서고 5시에 입장이래! 퍼레이드 끝난 다음에 입장 할 듯? 근데 사람 많은 거 봐. 나 여기 이렇게 복잡스러운 거 처음 봐!"

자은이가 고개를 좌우로 90도씩 움직이면서 말했다. 매번 느끼는데 자은이는 말할 때마다 얼굴이 느낌표처럼 변한다. 그리고 사람이 많긴 했다. 대부분이 축제의 피날레인 DMZ 평화콘서트를 보러 온 사람들일 텐데 여기서 누가 현지인이고 외지인인지 쉽게 구분할 수 있다. 10월 달에 고성에서 가벼운 재킷 하나만 걸치고 있다? 거의 80프로 이상으로 관광객일 확률이 높다.

"뭐냐. 우리 동네 관광지였어? 근데 지도, 주택이는?"

"문자했는데 오늘 막국수 찾는 손님이 많아서 할머니 도와드리고 온대. 여기서 가까우니까 금방 올 거야."

최남희 막국수. 주택이 할머니께서 이 근처에서 40년째 동치미 막국수를 말고 있는 곳이다. 찬물에 헹궈 돌돌 말아 스테인리스 그릇에 몽블랑처럼 놓인 메밀면은 언제가도 모양이 균일했다. 근데 알고 보니 할머니 성함이 최남희가 아니라 사실 최금복 이라는 사실. 주택이 말로는 오래전부터 촌스러운 본인의 이름을 싫어하셔서 간판을 만들 때 냅다 친동생 이름을 사용했는데 당연히 주택이의 작은 할머니 되시는 분은 모르고 있던 일이라 본인의 이름이 거대한 궁서체로 써 있는 것을 보고 말문이 막혔다고.

"근데 여긴 오랜만에 와도 변함이 없냐. 놀라우리만큼 한결같다. 관광지로 만들고 싶으면 이런 슈퍼도 확장 좀 시키고 하지. 들어갈 곳도 없네."

모은이의 매서운 눈빛이 파란 기와지붕으로 된 슈퍼로 향했다. 다섯 명 들어가면 꽉 찰 듯한 아담한 사이즈인데 이미 우리 또래로 보이는 사람들 열 명 이상은 들어가 있었다. 결국 돌아다니다가 그냥 아스팔트 바닥에 앉았다. 지나다니는 팬들도 우리 주변에 한 명씩 모여들더니 철퍼덕 앉아 버렸다. 마치 비둘기가 된 기분이었다.

어느덧 하늘은 시시각각 연보라색으로 변해갔다. 시식코너 천막에 있는 아주머니들은 남은 음식을 비닐에 담으면서 정리 중이었고, 지지직거리는 소리와 함께 오늘 밤 고성군 기온이 2도까지 내려갈 수 있으니 감기 조심하라는 방송이 흘러나왔다. 고성이 명태의 고장이라고 기억해 줄 사람이 몇 명일지는 모르겠지만 공연을 기다리는 사람 중에 『우리고성・우리명태』라고 새겨진 행사장 안내지를 살펴보는 팬들도 있었으니 동방신기와 명태의 콜라보는 나름 성공적인 기획인 것처럼 보였다.

자판기에서 복숭아 맛이 나는 이온 음료를 여러 번 꺼내 먹어서 그런지 화장실이 가고 싶었지만 내 뒤에 줄 서있던 사람이 화장실에 사람 진짜 많다고 하는 말을 듣고 그냥 참기로 했다. 우리 자리는 13번째 줄에서 살짝 오른쪽이었는데 생각보다 무대가 잘 보였다. 의자는 좀 차가웠지만 중요하지 않았다.

"네! 여러분 오래 기다리셨지요? 오늘의 마지막 무대! 아카펠라 댄스그룹! 다섯 개의 별 동방신기입니다!"

"그럼 내년에도 꼭 다시 만나요!"

오른쪽 무대 끝에서 교복 의상을 입은 동방신기 멤버들이 노래를 부르며 한명씩 등장했다.

하루만 네 방의 침대가 되고 싶어 오 베이베

더 따스히 포근히 내 품에 감싸 안고 재우고 싶어

DMZ 평화 콘서트에서 동방신기가 부른 첫 곡은 〈Hug〉 매주 금요일 밤 KMTV에서 들었던 그 노래였다. 하루 종일 기다렸던 우리는 전방을 향해 함성을 질렀고, 똑같은 속도와 흔들림 없는 박자로 빵빵한 펄 레드 풍선을 앞뒤로 흔들었다. 전광판에 비치진 팬들 모습이 굉장히 리드미컬했다.

"동방신기! 사랑해! 영원히! 함께해!" "동방신기! 사랑해! 영원히! 함께해!"

이 소리는 내 옆에 있는 극성 팬, 자음과 모음이 내는 소리다. 왼손에 플랜카드를 고정한 채 시끄럽게 소리치며 우는 바람에 첫 번째 곡에 집중을 너무 못했다. 원래 한 곡이 이렇게 빨리 끝났나 싶었는데 바로 유리 깨지는 소리가 울려 퍼지면서 밤하늘에 주황빛 폭죽이 터졌다. 그리고 두 번째 곡과 함께 떼창이 시작되었다.

「웨이-링 뽀- 라—이징써-언!」
「저엉-말 혼-돈의 끝은 어-딜까! 썸 바디 톡!」

모두가 인정하는 이 노래의 하이라이트에서는 팬도 가수도 원곡보다 더 높은 소리를 내질렀다. 분명 엄청난 열기에 속해있는데 이상하게도 노래가 절정으로 치달을수록 이 공연이 멈추면 모든 게 끝나버릴 것만 같은 기분이었다. 그저 잠시 동안 일회용 즐거움에 빠진 것 같은 느낌이 왜 그렇게 들었는지. 그래서 나도 모르게 무대 주변을 계속 살폈다. 뭐라도 챙겨 가려는 듯이.

그 다음은 어떻게 되었냐고? 모든 게 끝났다. 조명은 어두워졌고, 사람들은 우르르 해변을 빠져나갔고, 시끌벅적했던 소리가 점점 없어지니 파도가 파도끼리 부딪히는 소리가 더 강하게 들렸다. 항상 듣던 소리인데도 묘하게 서늘해지는 소리였다. 거리도 한산해졌다. 오늘 약속장소였던 명태 제일 타운 앞에서 1-1번 버스를 탔다. 친구들도 말이 없어졌다. 가만히 창밖을 보며 주머니에 손을 넣었는데 공연 기다릴 때 받은 막강 눈물파의 명함. 손바닥에 딱 들어오는 사이즈에 ♥막강 눈물파의 눈물은 오직 동방신기만을 위해 흘린다.♥ 라고 적혀있었다. 이런한 눈물에 그렇지 못한 문구. 짧은 콧바람을 뿜으며 구겨지지 않게 다시 주머니에 넣었다.

그리고 그 후로 한동안 명태축제에 연예인이 온 적은 없었다. 우리의 상징이었던 축제도 그 다음 해부터 우리의 명태를 찾아서 라는 슬로건을 내세웠다. 이상하게도 모든 게 밀물과 썰물처럼 방금까지 존재했는데 결국 없었던 것처럼 다가왔다. 그들이 말한 영원히 하나. 이 말 조차 희미해질 것 같았다.

해가 바뀌고 영원할 것만 같았던 십대를 보내고 이제는 거대한 빙하를 넘어야 하는 것처럼 새로운 삶을 시작한다는 게 기대되면서도 오랜 친구들과 뿔뿔이 흩어져야 하는 건 어딘가 모르게 살짝 불편한 의자에 앉아있는 것 같은 느낌이었다.

그렇게 우리는 고등학교 졸업식 날 비극이라도 맞이한 듯 온갖 액세서리에 우정이라는 단어를 붙여서 우정 반지, 우정 핸드폰 고리를 맞추는데 혈안이었다. 특히 모은이는 우리 말고 다른 사람들이 가지고 있으면 안 된다고 벌칙이 아니고서야 누구도 선택하지 않을 것 같은 옥색 방울이 붙어있는 반지와 얼굴에 피를 흘리고 있는 곰돌이 푸 핸드폰 고리를 골랐다.

"어때, 이 정도면 우리 네 명 말고 이거를 소장하는 사람은 거의 없겠지?"

"지구상에 누가 이런 걸 고를까..."

요란스러운 액세서리와 함께 태어나고 자란 고성을 뒤로하고 초등학교 졸업 이후 각자 홀로 입학식을 맞이했다. 주택이만 제외하고.

주택이는 눈에 띄지 않는 듯 눈에 띄고 인기가 많지는 않지만 없지도 않고 레트리버처럼 생긴 것 같지만 진돗개를 닮은 것 같기도 하고 경계선 어딘가에 뚜렷하게 속하지 않는 친구다. 그런 주택이의 미니홈피 분위기가 바뀐 것은 우리에게 비상이었다.

TODAY IS... 우울

7번 국도를 따라 계속 가다가 사람들의 발걸음이 점점 뜸해지는 지점에서 오른쪽 골목으로 들어왔다. 창문을 내렸더니 얼음이 살짝 녹은 레몬에이드 냄새가 났다. 평일 오후 4시의 죽왕면 거리에는 지나다니는 사람들이 거의 없었고, 고양이 몇 마리만 보였다. 이 분위기가 좋아서 돌아왔지. 앞으로 나와 함께 할 서핑 숍이 여기 있다.

"지도!"

먼저 도착한 모은이다. 빨간색 플랫슈즈에 초록색 도트 원피스, 챙이 굉장히 넓은 밀짚모자를 쓰고 있었는데 신호등인 줄 알았다.

"관광객 콘셉트야? 옷이 굉장히 불편해 보이는데."

"지도를 위한 파티인데 이 정도는 입어줘야지."

내 앞에서 한 바퀴 핑그르르 도는 모은이를 보고 그 순간 앞으로 절대 파티라는 단어를 언급하지 말아야겠다고 작은 다짐을 했다.

주택이와 자은이도 바로 도착했고, 아직 정돈되지 않은 서핑 숍으로 안내한 다음 창문을 살짝 열었다. 틈 사이로 파도소리가 들려왔다. 이제 유튜브에서 「마음이 편안해지는 힐링 음악∥세 시간 반복∥광고 없음∥스트레스 해소」라고 적혀있는 것을 찾지 않아도 되겠다.

"우리 다 모였으니까 지도 서프 오픈 축하 먼저 해볼까!"

자은이가 유리 용기에 포장해 온 감자 타르트를 입구 근처에 위치한 테이블에 올려놓았다.

"근데 정말로 지도가 서핑 숍 주인이라니 뭔가 아스팔트에서 불가사리를 본 기분이야. 아니다. 생크림에 배가 올라간 기분이야."

"윽. 그게 뭐야. 그거 다 이상한 거잖아. 축하해 주는 거 맞아?"

자은이는 테이블에 떨어진 감자 무스를 먹으면서 고개를 세차게 끄덕였다.

"지도는 옛날부터 조용한 검은 고양이 같은 느낌이었는데 서핑 숍을 오픈 한다는 게 너무 신기해!"

"뭔가 지난 회사에서 소진된 거 같아. 유명한 게 전부인 것처럼 핫한 곳을 소개해야만 좋은 평가 받고. 고작 별점으로 매겨지는 그런 일에 왕창 질려 버린 거지. 앞으로 여기 오는 손님들이 맛집이라도 물어보면 잘 알려지지 않았지만 진짜인 그런 곳들 약도까지 그려서 소개 해 주고 싶다. 그래서 고성에 놀러온 사람들이 이 동네의 좋은 점을 기억해 줬으면 해."

"괜찮네."

마트에서 과자 고르는 듯한 모은이의 무심한 대답이 묘하게 안정감 있었다.

"잠깐 근데 지도는 고양이고 난?"

"주택이 너는 사막여우인데 동물원에 있는 사막여우."

"동물원은 뭔데?"

"우리가 유리 밖에서 너를 지켜봐야 했던 그런 느낌이야. 너 군대 가기 전에 미니홈피에 아련한 글 올려서 무슨 일 있는 줄 알고 우리가 다 올라왔었잖아! 넌 그 이후로 사막여우야."

"진짜 이불 킥 사건이지. 갑자기 애들아 나 떠나 이러면서 눈물 이모티콘 쓰고. 싸이월드가 얼른 복원 되어야 하는데."

모은이가 그 당시 주택이의 글을 얼굴 표정으로 묘사했다. 살짝 늙은 바다거북이 같았다.

"군인 하니까 생각났는데 우리 고등학교 2학년 때 학교 가는 버스에서 군인들이 우리 불시 검문 한 거. 그때 우리한테 다가온 그 발자국 소리가 아직도 기억나."

자은이가 말하니까 떠올랐다. 평소처럼 1-1번 버스를 타고 등교하는 길이었는데 뜬금없는 위치에서 정차하더니 군인 두 명이 버스에 올라타서 승객들의 신분증을 검사하기 시작했다. 종례시간에 담임 선생님께서 말씀하시길 최북단에 있는 군부대에서 군인 한 명이 총기를 소지한 채 무단 탈영을 했다고 했다. 그러니 바로 집으로 들어가라고.

"참 신기한 동네지. 고향이 고성이라고 하면 다들 공통 질문 받지 않아? 나는 주로 거기가 어디냐, 속초랑 가까운 곳이냐, 사투리는 왜 안 쓰냐 이 말을 제일 많이 들었다."

모은이가 고개를 절레절레 저으면서 말했고 다들 나도 그 말 많이 들었다는 듯이 눈빛을 교환했다.

"바다에 가 있어. 우리 자주 했던 불꽃놀이는 이제 못 하지만 추억의 노래는 들어줘야지."

해변가로 향하고 있는 친구들의 웃음소리가 엷게 퍼지면서 점점 작아졌다. 오랜만에 파스텔이 물드는 듯한 기분이었다.

지도서프는 지속가능한 고성을 만드는 프로젝트에서부터 시작했다. 바다에 쓰레기가 많이 생기지 않길 바라는 마음에 제로웨이스트를 표방한 서핑 숍을 운영하기로 한 것이다. 오래전부터 유행 따라 움직이고 금방 식어버리는 것들에는 마음이 가질 않았다. 이 서핑 숍이 파도처럼 밀려왔다가 쓱 빠지는 그런 곳이 되지 않길 바라며 며칠 동안 핸드폰 메모장에서 쓰고 지우고 반복했던 글을 인스타그램에 업로드 했다.

zido_surf
안녕하세요. 지도서프 입니다.
드디어 5월 30일, 지도서프가 오픈을 하게 되었습니다.

힐링과 서핑을 좋아하는 분들,
아름다운 고성에 있는 지도서프로 놀러오세요.

조용한 골목에 위치해 있어
서핑 후 사색을 하기에도 좋은 곳입니다.

지도서프는 이곳에서 여러분들과 함께
아름다운 한때를 오래도록 나누고 싶습니다.

그럼 우리 곧 고성에서 만나요!

힐링은 행복고성에서!

※ 위치는 프로필에 기재해 두었습니다.

#지도서프 #고성해변 #백도해수욕장 #서핑 #패들보드 #강원도고성 #고성 #휴양지 #힐링 #서핑스팟 #제로웨이스트 #동치미막국수 #고성여행 #고성맛집 #고성카페

Essay
Exploring to Live in Goseong

"고성 좋더군요.
곡성 아니고 고성입니다."

writer · photographer 이경근
illustrator 최은진

사회는 빠르게 변하고 있다. 물론 코로나가 크게 한몫을 했다. 퍽퍽한 현실의 단비 같은 해외여행이 힘들어진 것이다. 지난 2년 동안 사회는 재택근무의 가능성을 충분히 확인했다. 중요한 교육의 기능도 비대면으로 대체될 수 있는 여지가 많아짐에 따라 학군 같은 물리적 경계의 중요성도 더욱 희미해질 것이다. 우리는 굳이 높은 경제적 부담을 안고 도시에 살아야 할 합리적인 이유와 흥미를 점차 잃어가고 있다. 도시에서는 늘 새로운 것이 쏟아져 나오지만 '기회'가 명확히 보이진 않는다. 사람들의 눈과 마음은 도시를 떠나 자연으로 향하고 있다. 다양한 로컬푸드를 새벽같이 받아볼 수 있는 시대이지만, 발로 딛는 해변의 감각이나 수산시장 활어회와 함께 맞는 바닷바람과 짠 내까지는 배달할 수 없다.

도시를 떠나는 개척자가 늘고 있다. 지방 도시의 가능성을 찾는, 새로운 코리안 드림이다. 통계청 자료에 의하면 2020년 귀농, 귀촌 인구는 이미 49만 명을 넘어섰다. 가구 수로는 35만 가구다. '인구'로는 역대 세 번째이며, '가구'로는 통계조사 이래 최대치. 얼추 따져보면 1인 가구 수가 꽤 된다는 걸 알 수 있다. 그리고 여전히 50~60대 가구가 전체의 67.5%로 귀농 흐름을 주도하고 있지만 30대 이하 귀농 가구 또한 1,362가구로 역대 최대치를 기록했다.

'여행'에서 '한 달 살기'로, 또 더 나아가 "여기서 살아보고 싶다"라는 생각이 더욱 현실적으로 다가온다. 문득 친한 지인에게서 받았던 연락이 떠올랐다. "고성 좋더군요. 곡성 아니고 고성입니다." 한 달도 채 지나지 않아 그 지인은 또다시 고성을 방문했다. 아무래도 고성이 좋을 것 같다는 생각이 들었다. 그래서 나는 대한민국 가장 동쪽인 강원도, 그 중에서도 가장 북쪽의 도시인 고성으로 향했다. 이번 방문 목적은 짧은 여행이자 이주를 위한 탐색이었다. 내가 머물기로 한 지역은 바로, 고성군 거진읍이다.

거진읍은 1940년 면에서 읍으로 승격된 고성의 도시다. 고성은 북한과 맞대어 있다. 실제로 옹진군, 철원군과 함께 남북한에 모두 존재하는 도시다. 휴전 당시 거의 절반씩 나눠 가졌다고 하는데, 현재는 북한의 고성군 면적이 조금 넓은 편이다. 경지와 임야가 대부분이긴 하지만 고성군의 면적(664km)은 서울시(605km)보다 넓다. 그럼에도 불구하고 고성에는 일반 의원 7개, 치과 5개, 한의원 4개, 약국 12개가 있으며, 토성면에서 20년째 공사 중인 종합병원(고성제생병원)이 하나 있다.

거진읍에는 동해의 아이콘이 된 서핑 숍이 없다. 죽왕면에 있는 르네블루 같은 최신 호텔이나 감성 넘치는 숙소도 없고, 글라스 하우스 같은 멋집도, 백촌막국수의 아성을 뛰어넘는 맛집도 없다. 배달 앱을 켜면 소수의 치킨집만이 반겨줄 뿐이다. 학원은 물론이고, 책이나 포스터 등을 인쇄할 곳도 마땅치 않다. 대형서점도, 마트도 없다. 개인적으로 좋아하는 위스키도 고성에서는 마음껏 살 수 없다. 그렇다. 고성이라는 도시는 생활 기반 시설도 부족하고 각자의 취향이 극도로 세밀하게 발달한 요즘 세대의 수요를 맞출 만큼 다채롭지 않다. 욕구의 선택지에 한계가 있다. 하지만, 거진읍에만 있는 것도 있다.

거진 어린이 공원

목적지 없이 걷다가 우연히 공원 앞에 도착했다. 거진읍에는 고성군에서 유일한 어린이 공원이 있다. 말이 어린이 공원이지 작은 놀이터에 가깝다. 공원에는 대여섯 명 정도 되는 아이들이 놀고 있었다. 규모에 비해 연령대가 좀 다양한 것 같다. 초, 중, 고가 다 있는 거진읍은 나름 다양한 학령인구의 생활권일 것이다.

가만히 노는 모습을 구경하고 있던 때, 포터 트럭 한 대가 나타났다. 지방 도시에는 포터가 많다. 이주를 한다면 포터는 한 대 사야 할 것 같다. 보통 포터는 짙은 파란색인데 그 트럭은 짙은 회색이었다. 그리고 그 트럭에서 어벤저스, 아니 어벤저스 분장을 한 아이들이 몇 내렸다. 손에는 늙은 호박처럼 생긴 주황색 플라스틱 가방을 들고 있었다. 아이들의 분장은 꽤 본격적이었다. 얼굴을 초록, 보라색 등으로 가득 칠하고 나름 괜찮은 코스튬을 갖추고 있었다. 자연스럽게 짙은 회색 포터 쪽으로 시선이 향했는데, 아이들 손에 들려있던 늙은 호박 풍선과 파티 용품처럼 보이는 각종 장식품이 포터를 휘감고 있었다.

맞다. 익숙하지 않아서 그렇지, 그날은 할로윈데이였다. 나는 할로윈의 성지나 다름없는 용산구 이태원에 거주하고 있다. 하지만 이태원의 화려한 할로윈보다 어느 날 우연히 만난 거진읍의 할로윈이 더 좋았다. 여기라면 할로윈도 즐거울 것 같았다. 그리고 이곳에서 가장 많은 아이들을 만날 수 있었다.

막국수 일번지

'부산밀면'이라는 현수막이 눈에 들어왔다. 그 밑에 쓰인 '돼지국밥'을 보자마자, 바로 가게로 들어섰다. (가게의 정확한 상호명은 막국수 일번지이다.) 안으로 들어갔을 땐 이미 동네 주민들이 여럿 모여서 문어숙회를 반주와 함께 즐기고 있었다. 물론 메뉴판에 숙회는 없었다. 식사 가능 여부를 어머님께 여쭤보니 무얼 먹을 거냐고 되물으셨다. 선택을 잘못하면 탈락할 것 같은, 마치 퀴즈쇼에 나온 것 같은 기분이었다.

나와 일행은 돼지국밥과 밀면을 주문했다. 사장님은 밀면으로 통일하는 게 어떻냐며 제안을 가장한 결정을 해주셨고 우리는 자박한 비빔밀면과 물밀면을 먹었다. 그릇을 다 비울 때 즈음엔 동네 주민들이 더 늘어났다. 거진읍에 살게 되면 나도 저 모임에 합류해야 하나 생각이 들었지만, 퍽 싫지는 않았다.

고성에서 여러 장소를 방문했지만, 막국수 일번지에서 가장 많은 동네 주민들을 보았고 그들의 잡담을 몰래 주워듣기도 했다.

백종원의 돈가스

거진읍의 시내는 넓지 않다. 정처 없이 걷다 보면 어느새 두루 볼 수 있다. 그리고 금세 허기도 찾아온다. 고성에 오기 전에부터 끼니에 대한 기대를 안고 검색을 하던 도중에 '백종원'이라는 단어가 눈에 들어왔다. '장미경양식'이다. 3대 천왕에 나온 경양식 집을 거진읍에서 만날 줄은 몰랐다.

장미경양식은 거진전통시장 근처 건물 2층에 있다. 소박하고 평범한 가게였다. 메뉴는 돈가스뿐이다. 길거리에는 유난히 사람이 없었는데, 다 여기로 온 것 같았다. 만석에 가까웠다. 돈가스밖에 없으니 돈가스를 시켰다. 단연 천왕 다운 훌륭한 맛이었다. 식사를 하는 와중에도 손님이 계속 찾아왔고 마치고 나갈 때 즈음엔 대기하는 사람도 생겼다.

좋은 공간의 기준은 여러 가지가 있을 것이다. 지극히 개인적인 생각이지만 특정 연령이나 스타일의 사람이 많은 것보다는 어른, 아이, 내국인, 외국인, 단골과 뜨내기의 구분이 없이 다양한 사람들로 채워진 공간이 좋다고 생각한다. 경계를 아우르며 보편적인 공감을 끌어내는 것이야말로 예술이 아니겠나. 그런 의미에서 장미경양식은 예술적이었다.

Essay

고성 총다리요, 국산 아니라고성입니다

여행에서 머무는 것으로, 그리고 나아가 삶으로

거진읍에는 동네의 모습이 있다. 공원에는 아이들이 있고, 식당에는 동네 주민들이 있고, 지역 특산물 가게가 아닌 그저 동네의 돈가스 가게를 찾은 사람들이 있고, 호수와 해안가를 두고 자연을 벗 삼아 쉼을 찾아온 이들이 있었다. 고성군 내에서 유일하게 초, 중, 고등학교가 모두 있으며, 공설운동장과 우체국, 도서관, 파출소, 항구, 수산시장, 전통시장이 있다. 거진읍의 공원과 현수막, 식당, 자연 풍경은 눈으로 들어와 발걸음이 향하도록 만들었다. 실제로 이주를 결심하기까지는 많은 과정과 고민이 있겠지만, 여행을 통한 타지역에 대한 호기심과 흥미는 이주로의 가능성으로 이어질 수 있다. 과거보다 분명히 커졌고 앞으로는 더욱 그럴 것이다.

이제 여행은 단순히 '쉼'의 일부라기보다는 새로운 삶으로의 가능성을 살피는 여정이 되고 있다. 이런 배경으로, 여행에 대한 사람들의 취향도 많이 바뀌어 가고 있다. 관광지가 가진 유사한 맥락의 모습보다는 다른 세계로 들어가듯 동네의 자연스러운 생활과 삶 속으로 들어가는 경험을 찾는다. 살 곳을 찾아 고성에 온 나처럼 말이다. 이렇듯 새로운 여행의 방식과 소통은 고성을, 그리고 또 다른 도시의 가능성을 넓혀갈 수 있지 않을까. 그러고 당신에게 나도 말하고 싶다.

고성 좋더군요. 곡성 아니라 고성입니다.

"고성 좋더군요. 곡성 아니고 고성입니다."

#GOSEONG

editor 유다연

미시령계곡

깊고 신비로운 느낌의 계곡이 있는 고성
#고성계곡 #여름휴가 #미시령폭포

@so.pring_

설악산 인근에 있는 계곡으로 4.8km의 길이를 자랑한다. 물이 맑고 구간마다 유속이 다양하게 나타나 남녀노소 즐기기 좋은 계곡이다.

아야진 해변

이번 휴가는 아야진 해수욕장에서
#아야진해변 #해수욕장 #스노클링

@_********

에메랄드빛 맑은 바다와 넓게 펼쳐진 백사장이 있다. 알록달록 칠해진 경계석이 놓인 해안도로 포토존이 있다.

응봉

호수와 바다가 이어지는 멋진 경관
#화진포 #해파랑길49코스 #해발122m

@minji2ppu

정상에 올라가면 화진포 호수와 바다가 한눈에 들어온다. 해발 122m로 낮은 편이라 가볍게 등산하기 좋다.

운봉산

라이언킹의 한 장면이 생각나는 바위
#운동산 #머리바위 #백패킹

@_camino_de

두백산과 가진항, 송지호해변을 조망할 수 있는 산이다. 빙하기의 흔적을 엿볼 수 있는 현무암 무더기가 있다.

하늬라벤더팜

드디어 가본 고성 라벤더팜!
#고성라벤더축제 #라벤더

@joon0602

보라색 융단처럼 넓게 펼쳐진 라벤더를 감상할 수 있는 농장이다. 6월 중에는 라벤더축제를 개최한다.

DMZ 박물관

그럼에도 불구하고 사랑하자.
#dmz #평화

@cocomomkim

민간인 출입통제선 안에 지어진 박물관으로 DMZ가 가진 역사적, 생태적 가치를 주제로 한 전시가 진행된다.

송지호

사진찍기 좋은 송지호
#송지호둘레길 #송지호해수욕장

@u.1n_baaeee

자연호수로 바닷물고기와 민물고기가 모두 서식한다. 관망타워가 있어 이곳을 찾아온 철새들의 군무를 감상할 수 있다.

백섬 해상전망대

가족들과 함께한 여행
#바다풍경 #전망대 #거진항

@jihye.514

해안도로와 백암도를 연결해 조성한 데크길이다. 바닷바람을 맞으며 산책할 수 있다. 길이는 137m, 높이 4~25m이다.

고성통일전망대

호국보훈의 달 6월을 맞아 고성으로
#금강산 #해금강 #최북단

@travelerhyeop

우리나라 최북단 통일전망대이다. 전망대에 오르면 금강산과 해금강이 바다와 함께 펼쳐진다.

바우지움조각미술관

아들들과 함께 방문한 조각미술관
#조각미술 #바우지움 #김인철건축가

@honey__yun

조각을 주제로 한 박물관으로 다양한 전시 프로그램이 운영된다. 김인철 건축가가 설계한 건축 명소이기도 하다.

소똥령마을

마치 보물섬 같은 마을
#소똥령마을 #칡소폭포 #트레킹

@lim_x_dong

진부령 인근에 위치한 농촌전통테마마을이다. 마산봉 설경과 장신리유원지의 칡소폭포, 소똥령 트레킹을 즐길 수 있다.

왕곡마을

평화로운 한때
#왕곡마을 #고성여행 #한옥

@bhwayoung

1988년 최초로 전통마을 보존지구로 지정된 마을이다. 오래된 기와집과 초가집이 모여 군락을 이루고 있다.

CONTRIBUTOR

올어바웃은 <어바웃디엠지>를 함께 만들어갈 분들을 기다립니다. 사진, 그림, 영상 글 등 어떠한 분야도 환영입니다. DMZ를 경험하는 새로운 움직임에 동참하세요.
CONTACT aboutdmz@all-about.kr

PUBLISHER

박한솔 Park Hansol

EDITOR IN CHIEF

윤승용 Yun Seungyong

EDITORS

마가윤 Ma Gayun 유다연 You Dayeon
김연재 Kim Yeonjae 임현수 Lim Hyeon-su

ILLUSTRATOR

최은진 Choi Eunjin 임현수 Lim Hyeon-su
이소리 Lee sori

CONTRIBUTOR

김세영 Kim Se-yeong 조눈실 Cho Noon Sil
이경근 Lee Gyeong Geun 김하라 Kim Hara
박항수 Park Hangsu

LOCAL CONTRIBUTOR

김현우 Kim Hyunu

블랭크스 / 고성삶
허석환 Heo Sukhwan
이정희 Lee Jung Hee

쁘아송다브릴
이상민 Lee Sang min
김슬아 Kim Sulah

PUBLISHING

(주)올어바웃 allabout

올어바웃은 로컬 문화를 기반으로하는 콘텐츠 스튜디오입니다. 전문가의 관점과 창작자의 시선으로 지역의 오리지널리티를 발굴하여 일상에 새로운 영감을 주는 콘텐츠를 만듭니다.

올어바웃이 발행하는 매거진 <about dmz>는 매년 DMZ 접경지역 한곳을 여행하며 사람, 공간, 음식 등의 이야기를 찾아 친근하면서도 깊이 있게 전달합니다.

MAIL aboutdmz@all-about.kr
INSTAGRAM @aboutdmz, @all_about_kr
FACEBOOK @thinktank.allabout
ADDRESS 서울특별시 관악구 남현3길 61 패스트파이브 304호
HOMEPAGE all-about.kr

Printed in the Republic of Korea
2022년 8월 23일 초판 1쇄 발행
ISBN 979-11-969086-5-2
ISSN 2765-4567
등록번호 서울 제 25100-2021-000061호

Copyright © 2022 allabout.Co.,Ltd.

(주)올어바웃이 이 책에 관한 모든 권리를 소유합니다. 본사의 동의없이 이 책에 실린 글과 사진, 그림 등을 사용할 수 없습니다.
The contents of this publication shell not be duplicated. used or disclosed in whole or in part for any purpose without the express written consent of the publisher.